JN089775

渋沢栄一の思想

『論語と算盤』と信用金庫経営

経営の本質は経営者自らの中にある

平松廣司
HIROSHI HIRAMATSU

監修 井上潤
渋沢史料館 館長

神奈川新聞社

かながわ信用金庫役員に贈る十ヶ条

理事長　平松　廣司

一　数多くの職員の中から選ばれたことを名誉に思い、高い使命感と強い責任感、そして変わらぬ道徳観を持つこと。勤勉努力を第一の旨とすること。

二　高いレベルの善管注意義務、忠実義務、監視義務が保てるように自己研鑚をすること。自らは孤独に向き合い、孤立を避ける努力をすること。

三　逆境の中に身を置くことが多くなる。自然的逆境に対しては来るべき運命を待ちつつ、たゆまず屈せず精進すること。人為的逆境に陥ったならば、まず優先して自分を省みて悪い点を改める努力をすること。

四　得意時代だからと気を緩めず、失意の時だからと落胆せず、道理（真実）を追求することが肝要。ただ、得意・失意両時代ともに小事を軽んじることなく、お客様、職員のために専念すること。

五　嘘をつくな。隠し事をするな。誤魔化すな。上席への報告、連絡を怠るな。常に裏表のないことが役員の必須条件。仕事上の地位を欲しがるな。正直に生（活）きていれば何も恐れることはない。

六　役員は経営と金庫の未来を探求する役である。明日の金庫のあるべき姿を描き、その構想と目標を明確に示すことが大きな仕事である。

七　内なる、外なるは別として、金庫経営の健全性を崩壊させる考えや行動が発生した場合には、その脅威に対して役員が一致団結して毅然として排除すること。

八　役員は人格の高さを求められるものであり、またそうでなければならない。しかし、人の品性は円満に発達しなければならないが、あまりに円満になり過ぎると逆に人として全く品位のない、ただのお人好し、無能な経営者になることがある。

九　何を聞かれても即答できる知識の向上に努めることと十分に納得させる説明能力を身に付けなければならない。役員は思いを言葉で的確に伝える能力を持つことが大切である。併せて耳の痛い批判も吸収する人間的な大きさと柔軟性を持つこと。

十　群れをもって優位に立とうとしないこと。群れの力を頼りにすると、周囲に気遣いすることを優先し、本来持っている群れの良さを誤解し、自立できない役員になってしまう。

この十ヶ条は、私がかながわ信用金庫の理事長に就任してから新任役員誕生の時に贈っている、渋沢栄一から学んだ信用金庫の経営者像を十ヶ条としてまとめたものである。

基本的には勤勉さと謙虚な姿勢が大切であり、それが役員に必要な大きな資質である。その資質を持つために最も大切なことは「正直・誠実」である。はじめから完全無欠な人間はいない。しかし、役員に就くと何かと評価の対象になる。何もしなければ批判はされないが、無能な役員になる。何かをすれば批判の対象となる。厄介な職位ではあるが、一生懸命金庫のため、お客様のため、職員のために働いているうち、自然と役員らしい資質が開花することも確かである。

平時には用意周到、有事には率先垂範、そんな役員になるよう皆で心を一つにして、さらなるかながわ信用金庫の発展に向けて努力を重ねよう。

理事長就任当時　平成２０年６月

渋沢栄一の思想

『論語と算盤』と信用金庫経営

経営の本質は経営者自らの中にある

―――目次

目　次

本書は、横浜市立大学大学院国際総合科学研究科国際文化研究専攻の博士前期（修士）課程において発表した修士論文「渋沢栄一における企業の社会的責任」を第一章から第五章の前編に組み入れ、信用金庫機関紙「論壇」、講演会の記録を後編に収載した。

私たちはいま、厳しい経済、資源、環境問題に直面している。企業が持続的発展を遂げるには、変化を恐れず過去の成功体験から脱皮して、未来のビジョンを描いて着実に前に進む必要があるのではないか。そこで、私がかつて学んだ研究成果を総括し、経営の在り方を展望する契機と位置付け本書を上梓できるところまで来た。

本文の記述に当たっては、必要に応じて多少の改編を加えた。表記に関しては、基本的に修士論文（原文）を尊重したが、編集担当者により最低限の統一を図らせていただいた。ご了解いただければ幸いである。

はじめに

渋沢栄一型の資本主義とは何か。筆者は、渋沢の『論語と算盤』を手掛かりに「経営者の意識の中にあるべき国家や社会の利益」について考え続けている。バブル経済崩壊以降、むき出しの生存本能だけが跋扈《ばっこ》し、自らの利益拡大に邁進する経営者の多くが向かう先はいったいどこか。

折しも持続可能な開発目標（ＳＤＧｓ）が２０１５年、国連で採択された。２０３０年の目標達成に向けた社会的関心が高まる中、利潤追求一辺倒ではなく「道徳と経済の合一」を問う渋沢流は、〈公益重視〉〈環境保全〉といった時代の要請にかなうに違いない。そうした論考のもと、経営者に託された企業経営の理念、その核心にまで迫ってみたい。

２００８年のリーマン・ショックから端を発した世界同時不況は過去最大級の経済危機といえる。負の連鎖が多くの企業を倒産に追い込み、多くの出資者に損害を与えた。

しかしこの不況は企業の、そして経営者の責任に帰するところが大変大きい。影響が大きいだけにその社会的な責任は問われなければならない。そもそもどのような景況にあろうと企業は社会の公益であり、道義的な責任を有している。

企業の規模や法律類型、それらが置かれた環境の相違はあるものの、「産み出された利潤は企業だけのものではなく、株主や出資者だけのものでもなく、社会全体のものである」というのが基本原則である。

筆者は一貫して企業の社会的責任を肯定する立場をとっている。株主という〝所有者〟から経営を委託されている専門家が常勤経営者で、一般的には継続的に利潤を上げ、同時に社会的責任を果たすことを求められるのが今日的企業といえる。一方、社会的責任を否定する立場をとる代表者としてフリードマン、ハイエク二人の見解を取り上げ、企業の社会的責任について考察を深めていきたい。

フリードマン(注1)は、「自由経済においては企業の社会的責任は一つしかない。それは手持ちの資源を使って利潤を増やすための営業活動に従事することである。企業の経営者が株主のために儲けることをせずに社会的責任を追求すれば、それは自由社会の根底を覆すものである」と述べている。フリードマンが、企業が請け負う社会的責任に反対する理由は、経営者がそれを求めるならば「自由社会そのものを壊すことになる」と考えるからで、もし仮に経営者が社会的責任を有するならば、経営者は公務員になってしまうと主張している。

一つの例として、1962年のUSスチールの鉄鋼価格引き上げ中止問題を挙げている。同社が価格引き上げを中止したのは、「政治の理論の受け入れや法の遵守」といった社会的責任の遂行によるものであり、自由な意思決定の権限を経営者が放棄したことになる。フリードマンは「これこそ社会的責任という名の圧力である」と指摘する。また、企業が社会事業や教育機関に寄付金を出すことについても、株主の総意に反する行為であると断じている。

次のハイエク（注2）は、「経営者は株主から資本金の運用を委任された受任者であり、株主のために利益を提供することが経営者の責任である。従って社会的責任を負えば株主への利益の還元という経営者としての責任を果たさないことになり、株主の利益に反することになる」という。もし、企業の持つ巨大な資本力が経営者の個人的な意思によって論理や道徳に沿った、社会的にも認められる目的のために用いられるとしたなら、またその目的に沿った企業の出資が経営者の意見によって正当化されるならば、それは会社を、「多くの人が表明した欲求に奉仕する機関」から「経営者個人の目的を決定する機関」に変化させてしまうことになるとして、慈善的・教育的な会社支出に反対の意を唱えている。

両者の見解は、株主から選ばれた経営者の責任論のみで捉えると妥当性はある。しかし、企業は社会の中に存在しているのであり、従業員・顧客のみならず社会のものでもあると筆者は考えている。ただし、株主に委託された経営者の権限が拡大し、企業としてのコントロールが効かなくなるケースが往々にして起こる。結果として経営者の理念次第で企業が大きく左右するというシステムとして仕組論を考えたとき、〈企業という組織〉よりも〈経営者の意思決定や理念〉がより重要であるとの見解を持つに至ったのである。

近年、企業の不祥事が後を絶たない。原因の大半は経営を任された経営者の個人的資質によるところが大きい。なぜそうなるのか？　経営者に確固とした理念がなければ企業が社会的責任を果たすことはできない。企業経営は創業者の理念や社会観に基づく個人の属性に左右され、大きく違いが表れるように思われる。

私は、渋沢栄一の功績を研究することで「企業と社会的責任」という問題を解決できるのではないかと考え、このテーマを取り上げた。幕末から明治、大正と活躍した渋沢栄一は、数々の営利企業を興し、社会事業を始め、なおかつそれらが今日まで永々と存続しているという点で稀有な存在である。彼が世に出た幕末期は封建的色彩がまだ残っていたが、明治初期から中期においては富国強兵と国家繁栄が国の目指すところであった。

渋沢栄一研究はこれまで多くの人が取り組んできた。現在、筆者自身は地域金融機関の経営に関与し、利潤と社会還元とのバランスの中で地域社会に生かされていると実感している。これを出発点とし、渋沢栄一を通して企業の社会的責任、理念とは何かを述べていきたい。

金銭を卑しんでいては国家は立ち行かない。渋沢の「正しく稼ぎ、正しく使う」は、天下国家を考えることと金儲けは両立すると説く。商売で財を築いた豪農だから、武士とは違う発想ができたのは明白だが、生来的に〝渋沢資本主義〟をかたちづくったものは何だったのか――。本書では渋沢の足跡を辿り、順を追って疑問を解明したいと思う。

第一章では、後年「財界の大御所」とまでいわれるようになった渋沢の生まれと育った環境が後々渋沢にどう影響をもたらしたのかを明らかにしていく。特に政治的背景が複雑な徳川末期に商人から武士、そして経済人へと転身していく過程に、「日本の近代資本主義の父」とまでいわれた渋沢の業績と精神を見出すことができる。

第二章では、渋沢の経営姿勢と実業、経済界はこうあるべきだという根本精神の源がどこにあるかを解明する。特に「道徳経済合一説」「企業経営観」等、『論語』に学んだ渋沢の特徴的思想を掘り下げていく。

第三章では、渋沢が手掛けた実業と社会事業の実際例を示し、その理念を述べていく。

第四章では、渋沢の企業理念について当時の企業家から見た評価、そして今日の渋沢評価を筆者個人の見解を入れながら分析していく。

第五章では、今日の社会的責任論と渋沢の社会的責任に対する考え方とを比較し、述べることとする。渋沢の実行してきた起業や社会事業はその精神からいうと、今日的企業の社会的責任に通じると考えられるからである。

「おわりに」では、経済の二面性を指摘する。経済は利益を産み出すものであると同時に不信や不正義、非社会的、非道徳を内包する。これは渋沢が強く訴えてきたことであるが、今日でも大きな社会問題をはらんだ難しい課題となっている。実際に渋沢史料館を訪ねて館長の井上潤氏の話をお聞きし、また、澁澤倉庫株式会社元会長の犬塚靜衛氏にお会いして興味深い話を聞くことができた。それらを含めながら自分なりの批評を試みる。

筆者のテーマは「企業が社会的責任をどう果たしていくか」、これを渋沢栄一の手を借りて掘り下げていくことである。好景気不景気にかかわらず、また、株式会社組織であろうと協同組合組織であろうと、利益が出ようが出まいが、つまり「環境に大きな変化が生じても本来的には企業の社会的責任は不変でなくてはならない」という視点に立って探っていく。

どんな時代においても、経営を行っている事業体は社会の中、人々の中で存立し、〝一個の社会人〟ということができるのではないか。併せて社会に対して大きな責任を有しているのではないか。筆者は経営に関与する身であり、偉人としてではなく民衆の一人として時代を駆け抜けた渋沢栄一と同じ精神・思想を持つことの意義を、大変おこがましいことであるが、強く感じているところである。

（注1）**ミルトン・フリードマン**（1912〜2006）　アメリカ出身の新自由主義のマクロ経済学者。消費分析、金融史、金融理論の分野における業績と安定化政策の複雑性の実証をたたえてノーベル経済学賞を受賞。ケインズ経済学の批判学者。主な著書は『消費の経済理論』『資本主義と自由』『実証的経済学の方法と展開』等。

（注2）**フリードリヒ・アウグスト・フォン・ハイエク**（1899〜1992）　オーストリア出身。経済学、政治学、哲学、法学等、多岐の業績によりノーベル経済学賞を受賞。イギリスのサッチャー首相やアメリカのレーガン大統領による新自由主義の精神的支柱となった。主要な著書は『貨幣と景気変動』『資本の純粋理論』『価格と生産』『景気と貨幣―貨幣理論と景気理論』『隷従への道―全体主義と自由』等。

第一章

渋沢の生い立ち及び生きた時代背景

渋沢栄一生家全景（渋沢史料館所蔵）

第一節　生まれ育ちと後年の社会観

1　生まれ育った時代背景

渋沢栄一は徳川の世も既に二百三十年経た天保時代に生まれた。日本の封建時代の最後の花を咲かせた文化・文政時代に続く一時期で、封建社会が近い将来崩壊するであろうことを十分に予感させ、武家社会が著しい衰退を示していた時代に生を受けたのである。

幕府の財政は困窮を極め、回復の余地がない情勢であり、貨幣改鋳によって貨幣価値は下落し、物価は騰貴し、民衆の生活は苦しく不満が爆発し、たびたび百姓一揆が起きた時代でもあった。また、自然界においても、天保の大飢饉を代表とする災害が庶民を苦痛に陥れていた。

社会情勢では水野忠邦が緊縮財政策を打ち出したが、一向に効果は上がらず、嘉永六年の黒船来航以後は、ますます内外情勢が変化する状況にあり、まさに先行き不透明、不安定な時代背景であった。

徳川封建時代の基本である武家支配の身分制度だけは残っていたが、実体は商人、町人が天下の富を動かす力を持ち、武家に対し経済的優位を持つことにより封建社会がいずれ崩壊するのではないかと人々にも歴然とわかる時代だった。

黒船来航を経て安政六年に開港し、封建日本は永い鎖国状態からついに世界的近代資本主義の一歩を踏み出したのである。この開国の意義は重大であった。この刺激によって急速に日本の古い社会が解体し、武士だけでなく町民もあるいは農民も自分たちの生活が、そして、社会が大きく変化していくのではないかとの不安と、一種の期待を持つ複雑な社会意識の中で過ごしていたのではないかと推察される。わかりやすくいうならば、将軍から天皇の時代に変わるのではないかとの意識が人々に芽ばえてきた時代といえる。このような後には戻れない、予想もつかない新しい時代の入口に渋沢栄一は生まれたのである。

2　生家の家庭環境

後年の渋沢栄一の社会事業に対する思想や精神の源は生家、特に父母の人格によるところが大きいのではないかと考えられる。渋沢は天保十一年二月十三日、武蔵国血洗島村、現在の埼玉県深谷市に産声を上げた。

渋沢の生家は農耕と養蚕、藍玉の製造販売を家業とし、なお、余裕があったため、村人に金の融通もしていた。父・市郎右衛門はどんな些細なことでも几帳面な性格であった。また大変な勤勉家で、農業、商業に精を出し、家運を盛り返した。その半面、人情味豊かでよく他人の世話をした。しかも、武芸を学び学問も古書を読みこなし、俳諧も作るという風流人でもあった。従って村人に尊敬され、領主より苗字帯刀を許されるに至った。いわゆる人格者であった。

母・エイは元来がお嬢様育ちで慈愛に富み、つつしみ深い婦人であった。また彼女は人に物を施すことが好きで、余り物を困窮者に与えることを常とし、善良で情愛深い地味な農村婦人を思い浮かばせるのに十分な人間性を持っていた。

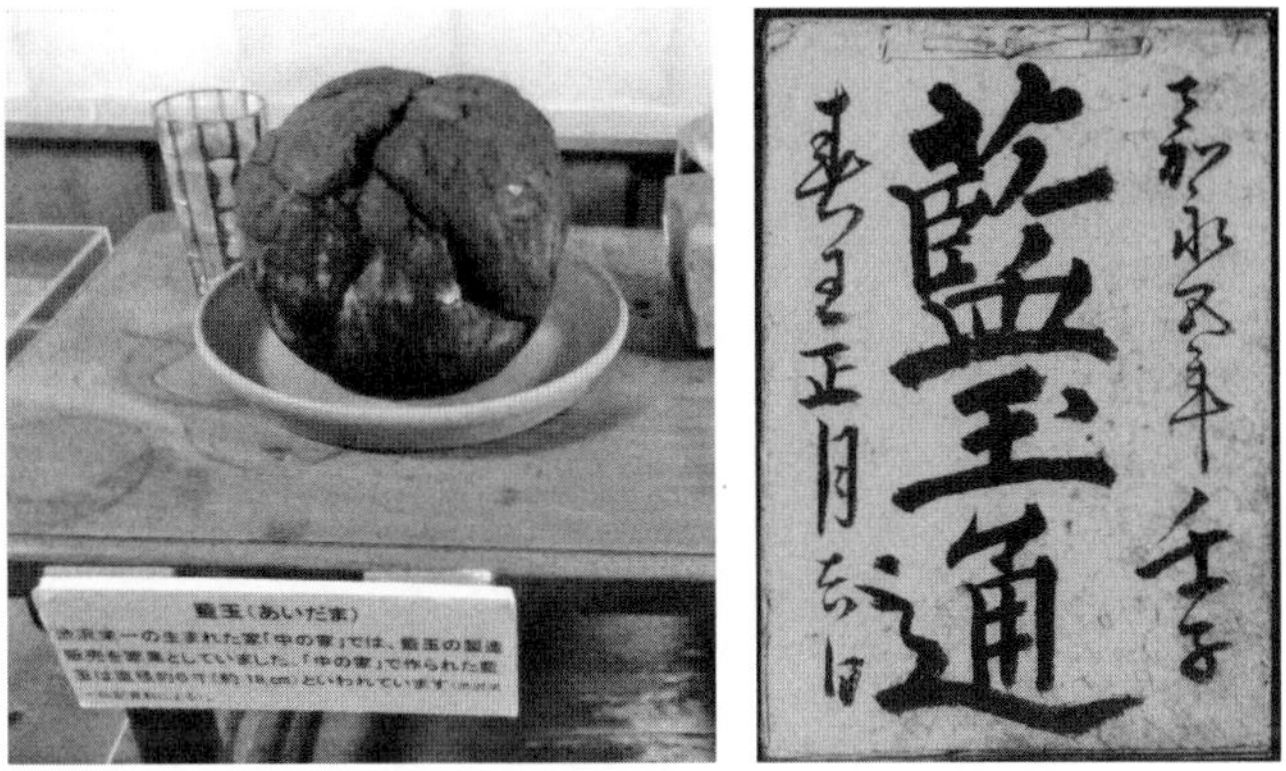

渋沢栄一の生まれた家「中の家」では、藍玉の製造販売を家業としていた。「中の家」で作られた藍玉は直径約６寸（約18cm）といわれている　（写真右・渋沢史料館所蔵）

このような厳父と慈母の長男として渋沢は生まれた。両親の愛情を一身に受け本人もまた健康で賢かった。渋沢は恵まれた環境で第一歩を踏み出したのである。

当時の教育は武士階級の独占であったが、徳川の世も二百五十年経ち、町人や農民の間でも余裕のある家庭は教育熱心になっていった。父の教育は大変厳格であったが、渋沢も知識欲の盛んな子で一年余の間に『論語』にまで及んだ。

十四才になると向学心はますます高くなった。父は学問好きでめきき才能を発揮し学問を深めていく渋沢が逆に心配となり、家業である藍玉作り、販売、養蚕、耕作にも精を出すよう仕向けた。渋沢はこの父親の要請に対しても卓越した手腕を発揮し、およそ十四才とは思えない仕事振りであった。今日の十四才では想像もつかない才能と努力をなし、実績も上げてみせた。

後年商才を十分に発揮し、実業界、経済界の指導者となった彼である。年少からその片鱗を見せたとしても不思議ではない。むしろ武州という狭い活動場では物足りなかったのではなかろうか。もちろんこの商売の修業が後年の渋沢に与えた影響は大変大きなものであった。少年の頃より学問と家業双方ともに卓越した才能を示したように、努力の人でもあったが天才でもあったといえよう。また、父の厳格な教訓が知的で合理的な人格を作り上げていった。

そんな渋沢に一つの事件が起こった。十七才の時のことである。この事件が彼の封建社会に対する反抗心を抱かせ、生涯の転機となったといってよい。

渋沢が生まれた血洗島の領主は小大名であり財政は困窮気味で、しばしば裕福な農家や商家に用金を命じていた。ある時、渋沢は父の名代として代官所へ出頭した。五百両の用金を命じられたが、父の名代で来たのであり即刻了承の答えはできない旨を代官に言ったが、この代官は狡猾で、子供とみて高飛車に有無を言わさず用金を命じた。渋沢はこの命令に屈することなく帰途についたが、途中彼はこの圧制について考えた。封建制度、身分制度に対する批判である。あのような愚鈍な人物が代官を継ぎ農民や町人を軽蔑していくのかと思うと残念至極なことであり、どうでも百姓を止めなければならぬと心に深く決意するに及んだ。

この時の渋沢の反抗を分析してみたい。それは十分に体系づけられた思想ではなかったにせよ、封建制度に対する反抗思想であったと考える。当時の渋沢は西洋思想の影響を受けていないはずだが、人間の持つ基本的な人間平等意識、いわゆる自由民権思想を子供の頃から積んだ学問の中から悟っていたのではないかと考えられる。この時代、まだ一般大衆にはこの思想は広まっていなかったが、経済・文武とも弱体化した武士に身分上だけで抑圧を受け、疑問を持っていた当時のインテリ層の中には、このような鋭敏な思想を持っている人たちがいたのである。後に有名になる大倉喜八郎、福沢諭吉、安田善次郎などもこのような思想を持ち始めた先駆者たちの一人である。

第二節　武州商人から日本国経済人への変身

1　富農、商人から武士への転身

渋沢は、二十二才の時に江戸へ出た。周囲の同僚、仲間の影響を受け憂国の士として活動が始まった。寺田屋事件、慶喜入京、公武合体計画失敗、七卿落ち等世の中が騒然とする中、父親と度重なる議論の末、父との訣別を決意し、急進的青年志士の仲間入りを果たした。最初の行動は横浜焼討計画であったがこれは失敗した。その後、身の危険を感じ京都へ逃れたのである。この時に一橋家の用人平岡円四郎の家来という名目で旅をすることになった。このことが一橋家に出仕し、正式な武士となる機縁となった。平岡は武士の間で重視されており、幕府に一橋あり、一橋に平岡ありと言われる程尊敬の念をもって見られていた。その平岡から友人関係を問いつめられ、どこにも身を置く場所がない旨を話すと一橋家の軽輩ではあるが出仕しないかとの誘いを受け、渋沢栄一は武士となったのである。

その後、一橋慶喜との面会に際し、今日の世情を変え君公が中心になって徳川宗家を救い、天下多事に当たるべきであるとの自論を述べた。慶喜は、いささか進歩的ではあるが渋沢の種々な思想、行動をよく理解し強い印象を

徳川慶喜（渋沢史料館所蔵）

持つようになった。その後の引き立てとともに渋沢自身も職務精励した結果、次第に頭角を現していった。一年間で二階級の進級を果たしたが、職務は空論を排し実効をとる傾向が強くなった。これは目的遂行のためには空論に時間を要すような無駄を排除し、より現実的な思考、処理方法を最優先としたからである。当時の渋沢が後の実業家を目指していたとは考えられないが、現実的な思慮が実業にとって成功をもたらすものであるという実業家としての素地が既に養われていたことを示している。

一橋家の家臣になってからの渋沢は一橋家の兵制の組み立てと兵の募集、殖産興業の振興と財政政策の実施、特に藩札の発行について積極的に試みた。渋沢は元来、金銀の現物交換より紙幣の方が便利なはずであるのに、焼失や紛失を恐れ、利用に消極的なのは笑うべき愚行であるとし、なんとしてでも便利に通用させようとした。その時、渋沢は今でいう経済を学んでいなかったはずである。当然ながら外国の紙幣制度を聞いたこともないはずだが発想として出て、それを実行していく力は幼き頃からの商人の資質と、父親からの指導教育の賜物であり、後年の渋沢栄一の経済学の原理に適合している。

後の歴史が示すような社会事情、そして幕府、薩摩、長州との軋轢《あつれき》の果てに、渋沢が仕えていた一橋慶喜が第十五代将軍徳川慶喜になったことにより、渋沢も大きな転機を迎えることになる。

マルセイユにて、民部公子一行。後列左端が渋沢（渋沢史料館所蔵）

2　ヨーロッパ留学

その第一歩が慶喜の弟である徳川昭武（民部公子）のフランスで開かれるパリ万国博覧会出席へのお供に選ばれたことである。そのことにより、フランスへの留学もなし得たのである。まさに幸運に恵まれた渋沢であるが、その選出にあたっては彼の日頃の商才、学才、剛胆さを持ち合わせた人間性そのものが、将来の幕府の担い手になるだろうとの周囲の期待があったに相違ない。

この出来事から考えると、渋沢は強運の持ち主といえるが、その前に他にはない商才を持ち、他にはない努力をし、他にはない人格

パリ万国博覧会会場 表彰式（渋沢史料館所蔵）

者であったといえるのである。

この時の渋沢は既に攘夷論者ではなく、兵制、医学、船舶、器械、武器に関して到底外国にかなわぬと知っており、可能な限り学びとらなければならないという進歩的思想を持っていたのではないだろうか。明敏な弾力性に富んだ頭脳を持つ渋沢であれば容易《たやす》く想像できたであろう。そのことを周囲、特に慶喜が認めていたと推測するに難しくはない。

このように考えれば、渋沢は単に幸運に恵まれたのではなく、一橋家で手腕を発揮し彼自身に幸運を引き寄せる実力があったと考えるのが妥当である。

しかし、このことは徳川初期、中期頃ではたとえ渋沢がどんなに俊才であっても封建制度や身分制度の中では起きえないことも確かであろう。外国からの

パリ万国博覧会会場（渋沢史料館所蔵）

脅威と、封建制度や身分制度が崩壊しつつあった徳川末期という時代もまた、渋沢への幸運をもたらしたといえるのではないだろうか。

慶応三年一月十一日、渋沢らはフランス郵船アルフェー号へ乗り込んだ。渋沢は異常な知識欲と、彼の性格である几帳面、精励、勤勉さをいかんなく発揮した。渋沢はこの旅行の間一日も欠かさず日記をつけている。一つ目は『航西日記』、二つ目は『巴里御在館日記』、三つ目は『御巡国日記』で、特に『航西日記』には地理、政治、経済、風俗に加え鉄道、電信、下水、博物館、銀行造幣局、取引所、化学研究所等、後々渋沢が日本で手掛けた実業及び社会事業の基が色濃く残されていることが読みとれる。

他の面からみると、イギリスの植民地政策を目の当たりにして、イギリスと西洋諸国の強さと豊かさを、反対に現地人の生活の劣悪さを思い知らされたのではないか。おそらく日本人と重ねて観察していたと推察されるのである。

民部の世話人であったフロリヘラルトは元来銀行家で渋沢とは特に親しい関係となった。フロリヘラルトは渋沢に銀行のことは勿論、鉄道、株式取引所、株式や公債のことなどを教えた。渋沢が後年「合本主義」を唱えるようになったのはこの時の知識を生かしてのことであろう。また、フロリヘラルトとともにヴィレットという陸軍大佐も世話人としていた。二人の関係は日本でいうならば町人と武士である。ところが二人の日常に全く身分上の差異のない仕事をしている。これを垣間見た渋沢が後年「官尊民卑打破」の思想、人間皆自由平等という思想を持ったこともしごく当然なことである。後々の渋沢が関与し、日本で起業した事業の基になったであろう各国見学施設を記してみる。

フランスではその先進さを目の当たりにした。スイスではパールの織物細工所、ベルンの武器蔵、ジュネーヴの時計製造、オランダのハーグでは鉄砲製造所、歩兵屯所、ニューヨジップ（『航西日記』原文ママ）で軍艦製造所、アムステルダムではダイヤモンド加工所、造船所、ベルギーのブリックセルでは陸軍学校、化学実験所、アントワープの砲台、砲車製造所、弾丸製造所、シラアン（『航西日記』原文ママ）の反射鎔鉱の二炉、鉄材精鋼の方法、蒸気車と鉄軌製造、その他、マリートヲワニヱトの鏡及び硝子製造所等、数多くの見聞を果たした。中でもイギリスの当時世界一の大都市であるロンドンでのタイムズ新聞社、大英博物館、銃砲製造所の見学は印象深かったに相違ない。また、イングランド銀行で「両替」「金銀貨幣改鋳」「紙幣製作所」を見たことによって後年渋沢が銀行業を創業するにあたり、大いに参考になったことは間違いない。

この間に幕府崩壊、民部の水戸家相続等、日本では激変が起き、約一年半にわたる渋沢のヨーロッパ視察は終わるが、彼にとっていかに価値多きものであったかは、後の渋沢の活動を通じて証明されることとなる。

3　官吏から経済人への転向

日本の情勢が大きく変わったことを帰国の途で聞きながら明治元年十一月三日に横浜に着き、帰還を果たした。水戸を相続した民部からも強く招聘を受けたが結局、慶喜から受けた恩顧に報いるため渋沢は慶喜のいる駿府へ行くことを決めた。駿府藩での自分の将来と水戸藩での将来とを考え、そして何よりも平穏に残生を送ることを優先とし、静かな生活に入った。ところが当時政府が発行した有名な「太政官札《だじょうかんさつ》」(注1)をめぐって渋沢は一つの新案の提出を求められた。そこで石高拝借金を基本に地方の資本を合同させ商売をしながら利益を上げる発想の商法会所を設立し、実質的経営者、頭取となった。これが後年渋沢が官尊民卑とともに高く掲げた合本主義のもとで、日本国で実施する前に、まず静岡でそれを実験したのである。

商法会所から常平倉へと名称を変え順調に運営がなされていた明治二年十月、新政府へ仕官せよとの召状が届いた。気がすすまなかったが大蔵省へ出仕せよとの命令であった。のちに知らされたことであるが伊達宗城大蔵卿の推挙であり、上司に大隈重

明治初期の大蔵省（渋沢史料館所蔵）

信と伊藤博文がいた。固辞したが結局大隈重信の弁説に負け従事することになったのである。

大蔵省在官中はいかなる地位であっても全精力を傾け最善を尽くした。初めに手掛けたのは今日でいう組織改革で、旧制の改革や法令、施設の新設等を専門とする局を作り有能な人材を登用すべきであると提案した。大隈重信はこれを承認した。この新しい人材の中に郵便制度を創立した前島密などがいた。

その次に着手したのは全国の測量である。その関連で租税制度の改正を行い物納から金納への改正をめざした。また、駅逓制の改正にも着手し前島密が担当した。その他に貨幣制度の改革、公債の発行等も手掛けた。

その後大久保利通が大蔵卿、井上馨が大蔵大輔に

井上　馨（渋沢史料館所蔵）

任ぜられ、直後に廃藩置県が行われた。これらの全てにおいて、渋沢は今日でいう事務方のトップとして中心的役割を果たした。廃藩置県は諸藩で行われた藩札の引換法が難題となった。藩札の発行高、租税徴収法の改正改革、また、公債発行も廃藩が豪商から借入している負債を年度ごとに分割し、新旧二種に分けて公債証書を交付することを考え政府に上申する等、渋沢は有する才能をいかんなく発揮し、その仕事振りは誰しもが認めるものであった。このように渋沢は自己も精一杯の努力を傾け、周囲もその力を認め、昇進も順調に進み大蔵権大丞に任ぜられた。

しかし渋沢は、何となくこの世界が安住の地とは思えなかった。その理由は、一つにはどんなに努力しても旧幕臣の出身であり、薩摩、長州の藩閥でないことの無力感が心の隅にあったのではないかと筆者は考える。二つ目はヨーロッパ、フランス、イギリスで実際に見てきた経済界、自由平等に基づく商業、実業が自分の進む道ではないのかという思いを、少しずつ具体化しようとしていたのではないだろうか。

明治四年に東京、大阪において有力な商家を協力させ、為替会社、商社、開墾会社を創立させることを命じられた。渋沢の合本主義の基礎となるものである。しかし、頼りとした商人は徳川時代と同じように卑屈で、およそ創意とか工夫とかを考える才がない。そのため、渋沢は官吏より商工業側に身をゆだね日本の将来の基礎を切り開いてみようとの志が徐々に強くなっていったのではないだろうか。

渋沢は大隈、井上に退官の希望を告げ、留められた。明治四年に『立会略則《りゅうかいりゃくそく》』（注2）を著したが、これは自由主義の思想のもと、合本主義、今日の株式会社の制度について著したものである。そして、大久保大蔵卿に歳出入の統計表「量入為出」について指示めいた提案をした結果、歳入の統計が明確にならなければ陸海軍の費用を支給しないのか、との問いを受けるに及んで退官の意を強くした。思うに、渋沢は暗に軍隊への出費増大を戒める言を大久保に行ったのではないだろうか。後年の渋沢が経済は軍より優先すべしと言っているところをみると、この頃からそのような下地は十分にあったとみるべきである。

明治五年、渋沢は大蔵少輔となり井上馨の下で実質的な次官としての仕事を開始した。渋沢は大蔵省が各省の予算申出に反対し、井上馨が各省とことごとくぶつかるのを傍らで見て、井上と共に自分も辞職することを決意した。しかし、国立銀行創立については自分の手で仕上げたいと思ってもいた。明治六年五月に退官届を提出、正式に官吏を辞めた。

明治二年十月末から大蔵省に勤務すること三年半、これを最後に渋沢は永遠に官吏の途を絶った。同時に実業界への第一歩を踏み出したのである。

(注1) **太政官札**(だじょうかんさつ) 明治政府によって一八六八年(慶応四年)五月から一八六九年(明治二年)五月まで発行された政府紙幣(不換紙幣)。金札とも呼ばれた。日本初の全国通用紙幣。

(注2) **『立会略則』**(りゅうかいりゃくそく) 渋沢栄一著『官版立会略則』は一八七一年(明治四年)、大蔵省から上梓された三十四丁の半紙版和装のもの。合本主義の主張や民主主義の信念が盛り込まれている。

第二章

渋沢の社会的責任の根源

実業之世界社創立満二十周年祝賀講演会　青山会館
昭和２年６月５日（渋沢史料館所蔵）

第一節　基本的思想とその精神

1　道徳経済合一説

渋沢の思想体系には、商工立国の理念もあり、経済の政治に対する優位の見解もあり複雑ではあるが、渋沢の起業精神の根本は道義を第一義とするものであり、営利の追求も資本の蓄積も道義に合致するものでなければならないとした。これが「道徳経済合一説」である。従って渋沢は営利の追求や資本の蓄積のためには手段を選ばぬという方法はとらなかった。その手段は道義に一致し、仁愛の人情に即したものでなければならず、なおかつ合理的なものでなければならなかった。これが渋沢の経済人としての哲学であり、人間としての哲学でもあったのである。

渋沢は大変な有弁家で数多くの講話を残している。一九二三年六月に「道徳経済合一説」と題する講話をレコードに吹き込んでいるがそのような語りがあった。筆者はそのままを記すことで、渋沢の基本的思想をより理解できるのではないかと考え、長くなるが引用したい。

私は学問も浅く、能力も乏しいから、そのなすことははなはだ微少であるが、ただ仁義道徳と生産殖利とは、全く合体するものであるということを確信し、かつ事実においてもこれを証拠立て得られる様に思うのでありますが、これは決して今日になって言うのではありませぬ。

第一自分の期念が、真正の国家の隆盛を望むならば、国を富ますということを努めなければならぬ。国を富ますには科学を進めて商工業の活動に依らねばならぬ。商工業に依るには如何にしても合本組織が必要である。しこうして合本組織を以て会社を経営するには、完全にして鞏固なる道理によらねばならぬ、すでに道理によるとすれば、その標準を何に帰するか。これは孔夫子の遺訓を奉じて論語によるのほかはない。ゆえに不肖ながら私は論語を以て事業を経営して見よう。従来論語を講ずる学者が仁義道徳と生産殖利とを別物にしたのは誤謬である。必ず一緒になし得られるものである。こう心に肯定して数十年間経営しましたが、幸いに大なる過失はなかったと思うのであります。

しかるに世の中が段々と進歩するに随って、社会の事物もますます発展する。ただしそれに伴って肝要たる道徳仁義というものが共に進歩して行くかというと、残念ながら否と答えざるを得ぬ。ある場合には反対に大いに退歩したことがなきにしもあらずである。これは果して国家の慶事であろうか。およそ国家はその臣民さえ富むなれば、道徳は欠けても仁義は行われずともよいとは誰も言い得まいと思う。けだしその極度に至りては、遂に種々なる蹉跌を惹起するは知者をまたずして識るのである。しこうしてその実例は東西両洋余りに多くて枚挙するの煩に堪えぬ。

こう考えて見ますと、今日私の論語主義の道徳経済合一説も、他日世の中に普及して、社会をしてここに帰一せしむる様になるであろうと行末を期待するのであります。

次に渋沢の代表的思想である『論語と算盤』について記してみたい。孔子について門人たちの書いた『論語』という書物と、その反対側にある算盤とは一見不釣合いに見えるが、算盤が成り立つには論語の存在がなくてはならず、論語は算盤によって際立ってくる。よくいわれるところの右手に論語、左手に算盤である。社会の進歩や富の拡大は道徳の退歩をもたらすといわれている。渋沢はこのことを強く訴えたかったのである。道徳と経済、言い換えると利益と倫理は一致しないように見えるがこれは一致するものであり、一致させなければならない。そうしなければ良質な経済の発展、国の富が果たせないという考え方である。渋沢の少年時代から一貫して流れる経済人としての根本思想は、利益を得るには一定のルールがあり、そのルールは精神であり、その精神の拠り所を論語に置いているのである。筆者なりにこれを言い表すと「儲けの前に正義あり」ということになる。

第一次大戦後に急成長した起業家が大手を振り道を歩き、また一方では、労働運動が激化するなか、「道徳と経済の調和」という大きな課題は、倫理学者や知識者のみならず社会が求める喫緊のテーマとなっていたのである。渋沢の思想や生きざまが広く受け入れられたのは、そうした思想背景が存在したことを知っておく必要がある。

渋沢がこの「道徳経済合一説」や『論語と算盤』を強く訴えたのは今から百年程前のことである。しかし、令和に入って三年、今日においても「道徳と経済」、「企業の社会的責任」について新聞や社会をにぎわすことが度々発生していることに接すると、渋沢のいう「道徳経済合一説」は一見、当たり前のように思われるが「実践」していくことは大変難しいことだと痛感する。富を得て、大企業に成長した企業や経済人が追い求めても求めきれない経営道の理想的テーマである。

今日まで幾多の経済人が日本の経済歴史上に現われたが、道徳と経済を合一させ得たといわせしめた経済人は出なかった。道徳と経済の合一は多くの肯定論・否定論が出る程、その実践は経済人にとって困難であるということができるのである。

2　儒教の中の論語優先

渋沢はなぜ『論語』を自らの経済活動の中心に据えたのかについて数多く語っている。幼時より論語によって教育され終生論語を徳育の規範とし、常に『論語と算盤』、「道徳経済合一説」を唱えてこれを実践努力して実業界の道徳水準を高めてきた。渋沢は晩年において「不肖ながら私は論語を以て事業を経営して見よう。仁義道徳と生産殖利は必ず一緒になし得られるものである。そう心に念じ数十年間経営しましたが、大きな過失はなかったと思うのであります」という主旨のことを言っている。

自分の経済人としての生き方に間違いなく、その拠り所を論語に置いてきたことに大きな、そして強い自信を示している。非常に強い信念に基づく論語優先の人生だったということができる。渋沢がそこまで精神の拠り所としてきた論語について、概要を若干説明したい。

論語は儒教であるが、儒教は宗教ではなくむしろ倫理学である。儒教とは孔子を始祖とする思考、行動の体系である。紀元前の中国に興り、東アジア各国で二千年以上にわたって強い影響力を持つ。その学問的側面から儒学、思想的側面からは名教、礼教ともいう。大成者の孔子から孔教、孔子教とも呼ぶ。中国では哲学、思想としては儒家思想という。

東周春秋時代、魯の孔子によって体系化され、堯舜《ぎょうしゅん》、文武《ぶんぶ》、周公《しゅうこう》（注1）等の君子の政治を理想の時代として言い伝えられ、仁義の道を実践し、上下秩序のわきまえを唱えた。その教団は諸子百家の一家となって儒家となり、徳による王道で天下を治めるべきであり、同時代の武力による覇道を批判し、事実そのように歴史が推移してきたとする徳治主義を主張した、その儒家思想が漢代国家の教学として認定されたことによって成立した。

儒教は五常（仁、義、礼、智、信）という徳性を拡充することにより五倫（父子、君臣、夫婦、長幼、朋友）関係を維持すると教えており、もともと男尊女卑という考えは存在しないとされている。ちなみに論語の中では仁を最高の徳目としている。義とは私欲にとらわれず、すべきことをする。礼とは仁を具体的な行動として表したもので人間の上下関係を守ることを意味するようになった。智とは学問に励むこと、信とは約束を守り、誠実であること。君子が国を治める規範の一つとするようになり、一人の人間としてどう生きるべきであるかを導く一つの教えとなった。

渋沢は「ひと口に儒教といっても『大学』もあるし、『中庸』もある。しかし『大学』は国の治め方（政治）に関する教訓を説くことに重点を置いていて、個人としての行動基準が語られているところが少ない。また『中庸』はその内容が哲学的であって、一段高い視点からみた学問である。したがって個人の日常生活に密着した教訓とはなりにくい。『論語』とは孔子の言行録を弟子たちが書物にしたものである。四書（論語、孟子、大学、中庸）のうちの一つであるが、四書の中でも『論語』は実際の生活に触れた教訓ばかりを集めたものである。しかも指導は少しも堅苦しいところがなく、常識判断で十分に融通がきくようになっている。読めばすぐに実行できるような基本の道理を説いている。これが私の儒教のうちでも特に『論語』を選んでこれを守り実践しようとする理由である」と言っている。

また、渋沢は「会社をうまく経営するに当たって、いちばん必要な要素は会社を切り回す人材である。人材が得られないならば結局その会社は失敗する。そこで私はこの銀行や各種会社の経営を成功させるためには、実際の運営に当たる人に、一個人として守り行うべき規範、規準がなくてはならないと考えたのである。このように考えるとき、日常の心得を具体的に説いた『論語』はその規準にうってつけで、どう判断してよいか悩むときには『論語』の物差しに照らせば、絶対間違いないと確信しているのである」とも言っている。

渋沢は経済、社会の進歩に伴って人々の道徳仁義が後退していくことを強く懸念していたのである。それゆえに人の行動、一個人としての行動の規範となる論語が必要であるとの強い信念を持っていたのである。

当然のことではあるが、第一章で述べたように父・市郎右衛門の実直、質素倹約、勤勉さを日常見てきており、身近にお手本がいたという環境と、幼少の頃より父から儒教を中心とした教育を施され、これに対し異常なまでの熱心さで修得した背景が渋沢を論語第一優先とさせた理由でもある。

つまり渋沢にとっては論語は特別選んだものではなく、自然に論語を選び、論語に導びかれて、論語による人生を歩んできたのだと考えるとなんら違和感はない。

3　営利の必然性

渋沢は第三章第二節で述べているように多くの社会事業を創り、そして、関与した。何よりも『論語と算盤』のように商売には必ず道徳が付き物であり、そのことが真正の商売であるとすることが代表的な渋沢流経営論である。しかし、決して営利、殖利というものを否定してはいない。多くの社会事業を手掛けたが、大正七年、渋沢が七十七才になってから本格的に始まっている。それまでに大きな名誉と多大な富を蓄積していた渋沢だからこそ可能であったといえる。従って富の存在、営利は渋沢にとっては必然であり当然なことである。渋沢の生い立ちそのものも初めから富農の家に生まれたのである。後年の渋沢は、投機は芳しくないが投資は自然の成り行きであるとも言っている。

前記のように渋沢の幼年期は既に徳川幕府は崩壊寸前であり、諸侯は富民に度々用金を命じ、武士としての生活やプライドを保てる時代背景ではなかった。武士社会の身分制度では最下位に置かれた商人が当時の経済の大半を握っていた。一方、下級武士は刀剣、武具の類を質に入れたり、売ったりする者も多く、資産を目当てに町人から養子や嫁を迎える者も数多くいた。渋沢はその姿を見て幼な心にも貧乏武士、窮乏した諸侯のみじめさを思い知ったのではないだろうか。また、封建社会、身分制度の上にだけ生きている武士の姿を見て富の存在の確かさを痛感したのではないだろうか。

渋沢の商売の始めは十四才で、この時より優れた商才を発揮した。藍玉の鑑定には特に目が利き大人顔負けの商売をした。十七才頃には藍の商売については父も安心して任せ、渋沢自身も信州、上州方面に一人で商売に出かけ商略もすっかり会得するようになり、後年の「士魂商才」の具現者としての素質がいかんなく発揮されていたといってよいだろう。渋沢は商人である。幼年期より商いをして儲けることが仕事であるということが体にしみ込んでいるのである。

『論語と算盤』の中に仁義と富貴という言葉がある。この言葉で営利の必然性と道徳との関係が解き明かされるように思われる。金銭は尊いものであるとか、また貴ばねばならぬものであるとかいうことに関しては、古来、随分多くの格言がある。「世人交わりを結ぶに黄金を須う。黄金多からざれば交わり深からず」とある一句などは、黄金は友情という精神までも支配する力のあるものとも取れる。たとえば親睦会などというと必ず集まって飲食する。これは飲食も友愛の情を深めるものである。また久し振りに来訪してくれる友人と酒食を饗することによって深い交わりが始まる。これらのことには金銭が関係している。

いかなる富豪でも三等切符を買えば三等車にしか乗れない。またいかに貧しくても一等切符を買えば一等車に乗れるのである。これは全て富の効能である。いやがうえにも、金銭にはある偉大な力があることを否定することはできない。

『大学』では「徳は本なり財は末なり」といっている。これは決して金銭を軽視してもよいと言っているのではない。「邦道あって貧しくかつ賤しきは恥なり、邦道なくして富みかつ貴きは恥なり」と孔子も言っており、孔子においても決して貧乏を奨励しているわけではなかった。要はあまりこれを重んじ過ぎるのも誤りなら、また、金銭を軽んじ過ぎるのも良くないと言っているのである。

金銭そのものには威力があるが、もとより無心であり、金銭はそれ自身に善悪を判別する力はない。善人が持てば善くなり悪人が持てば悪くなる。つまり所有者の人格如何によって善とも悪ともなるということである。

渋沢は一見金銭に対して淡白で、どちらかというと消極的で重要視することがないように思われるが、幼い頃から富が存在することで自分の考え方を実現してきたのであって、営利の重みと存在の必然性を十分に自覚していた人であったといえる。

4　合本主義と自由思想

渋沢は道徳経済の水準を高めることを念願し、商工業の近代化、合理的発展のために「合本主義」を主唱した。合本主義とは会社、特に株式会社組織により事業を経営するのが商工業の近代的発展に必要であるという見解である。その思想体系は、自由な意志と制度に束縛されない人々の自由な資本参加による企業の発展が、政治より優先するという基本的思想である。

明治初年には大実業家でも個人商店経営のほうが優れているとして、渋沢の資本持寄制度である合本主義を批判したが、明治後期には殆どの大企業は株式会社になってしまった。

明治四年六月に渋沢は『立会略則』を著した。主として会社制度の説明を試みたものである。

合本主義は渋沢がその後長くその旗印として高く掲げたことである。渋沢をして後年わが国財界の最高指導者たらしめたのは、実にこの合本主義に外ならなかったといっても過言ではない。その合本主義は渋沢がヨーロッパ滞在中の見聞に基づき会得したもので、当時の新知識としてこれを日本全国に向けて奨励する前に、まず静岡でそれを実験したのである。

その根本思想は官尊民卑打破に基づく、自由平等、機会均等、そして自由経済思想である。またその他に注目すべきところは、渋沢が会社を起業者（企業者）一人の知恵で儲ける富ではなく、それを独り占めせずに「全般に富む」ための手段として位置づけているということである。つまり合本主義は渋沢にとってただ単に資本を巨額に調達するための共同出資方式という以上に、利益を共有することによって多数の者に同時に富めさせるものと考えていた。富は個人のものではなく国民全体のものという考え方である。このことにより中産階級が増加したといわれている。

では、この時の渋沢の「全般に富む」「多数の者に富めさせる」「国民全体のもの」という考え方は、今日の株式会社の株主、社員、顧客、社会の利益と同じように考えていただろうか。筆者はこの場合の多数とは、人々が資本を持ち寄ることで旧来の企業家一人よりも、その富の還元を多くの人々（多数の株主）にできるということであったのではないかと考える。

この時代の株主はまだ国民の一部の特権階級であり一般大衆とはいえない。その一般大衆にも株が持てるという希望がもたらされた。もう一つの特徴は、当時の出資者は株で儲けるという考え方より、その会社の一員になること、その会社が健全に発展し、日本の経済発展に参加することを望み、その一端を自分も背負えるという愛国心、愛社心が大きく作用していたものと考えられる。今日の信用金庫の出資金制度はまさに同趣旨であり、小口出資を原則とし、また小口出資者も大口出資者もその権限に変わりはない。皆の信用金庫という考え方である。

　この持ち株制度がやがて一般大衆でも自由に株主になれる道を作ったが、この時代の中で先駆けて唱えた渋沢の理念は高邁であり、まさに資本主義を知っている人であったといえる。

渋沢栄一　43才（渋沢史料館所蔵）

第二節　特徴的思想とその精神

1　『論語と算盤』による道義心

論語は魯の孔子によって体系化され、孔子の死後、弟子たちが記録した四書『孟子』『大学』『中庸』『論語』の内の一つで二十篇からなり、漢代に教学として認められた。君子が理想とする政治はどのようなことか、徳を第一として徳による王道で天下を治めるべきであるとし、宋学が特に四書をテキストとして重要視したため、科挙の出題科目になり、約二千年間、学問の主要科目となった。論語は宗教ではなく人間はこうあるべきだ論を中心とする倫理学である。この中の五常（五経）といわれているいる仁、義、礼、智、信を渋沢は論語の教えの中心とし、自らの理念の根本としている。これが渋沢のいう道義心である。従って『論語と算盤』の内容についても、人とは、世の中とは、本来はこうでなくてはいけないという面からみた文言が多い。

本項では主に渋沢自身が語る『論語と算盤』の中からいくつかを要約すると、その道義心とは何かを理解しやすいので、列挙してみることにする。

①商才というものも、もともと道徳をもって根底としたものであって、道徳と離れた不道徳、欺瞞《ぎまん》の商才は小悧口《こりこう》の最たるものであって決して真の商才ではない。

②人間は天命に従って行動せねばならぬもの。無理をすれば必ず悪い結果がもたらされる。

③論語にはおのれを修め人に交わる日常の教えが説いてある。論語は日常的であり簡易で最も欠点の少ない教訓である。

④人は平等でなければならぬ。節制あり礼譲ある平等でなければならぬ。

⑤私一己の意見としては争いは決して絶対に排斥すべきものでもなく、処世の上にも甚だ必要なものであろうかと信ずる。

⑥天命に安んじ、おもむろにくるべき運命を待ちつつ、撓まず屈せず勉強するがよい。それに反して人為的に逆境に陥った場合は自分に省みて悪い点を改めるよりほかなし。

⑦私は蟹は甲羅に似せて穴を掘るという主義で自分の分を守るということを心掛けている。私の主義は誠心誠意、何事も誠をもって律するというよりほかないのである。

⑧世に処するには常識が重要である。常識とはいかなるものなのか、事にあたりて頑固に陥らず、是非善悪を見別け、利害得失を識別し、言語挙動すべて中庸にすべきものである。要約すれば「智、情、意」である。すなわち、識別判定能力の「智恵」、その智恵を充分に能力発揮せしめるのが「情愛」、しかしながら情の欠点は感情に走りやすいことでありこれを抑制するのが「意志」である。

⑨真正の利殖は仁義道徳に基づかなければ決して永続しない。世の中の利得を考えるのは良いがおのれ自身の利欲によって働くのは俗であり、仁義道徳に欠けると、世の中の仕事というものが段々衰退してしまうのである。

⑩個人の富はすなわち国家の富である。個人が富まんと欲するに非ずして、如何か国家の富を得べき、国家を富まし、自己も栄達せんと欲すればこそ、人々が日夜勉励するのである。その結果として貧富の差が生ずるものとするならばそれは

自然の成り行きである。人間社会に免るべからざる約束とみて諦めるより仕方がない。とはいえ、常にその間の関係を円満ならしめ、両者の調和を図ることに意を用うることは識者の一日も欠しべからざる覚悟である。

⑪商工業の競争については善意競争と悪意競争がある。人の利益を妨害的に奪う競争は悪意、良い品物を選んで我が商売に徹し、他の利益に喰い込まないのが善意の競争である。これらの分界は何人でも自己の良心に徴して判明し得ることである。

⑫自分は常に事業の経営に関し、その仕事が国家に必要であって、また道理に合するようにいきたいと心掛けてきた、また、一個人に利益ある仕事よりも多数社会を益していくのでなければならないと思っている。

⑬思うに社会問題とか労働問題のごときは単に法律の力ばかりで解決されるものではない。富豪と貧民との関係もまたそれと等しきものがあろうと思う。資本家と労働者の間は従来は家族的関係をもって成立していたが、法をもって制定し取り締まろうとするところにお互いの信頼は壊れることになる。法ではじめから裁断

するのではなく労働者は王道をもって資本家に、資本家は王道をもって労働者に接することが重要であり、この場合の王道とは相互の同情ということができる。

⑭貧富の差はその程度においてこそ相違はあれ、いつの世、いかなる時代にも必ず存在しないという訳にはいかない。もちろん国民全部がことごとく富豪になることは望ましいが人には賢、不肖の別あり、能力の差は必然的にあり、全てが富まんとすることは望むべくもない。従って富の平均分配など思いもよらぬ空想である。個人の富は国家の富であり、個人が富まんと欲すれば日夜勉励することになり結果として国家も富めることになる。その結果として貧富の差が生じるようになるならばそれは自然の成り行きである。人間社会の避けられない約束なのである。そのうえで両者の円満な関係、調和作りに努力することが必要である。

⑮最近は悪徳重役なる者が出て多数株主より委託された資産をあたかも自己専有のごとく運用し、私利を重ね公私の区別なく一つの伏魔殿と化している。そのために秘密的行動が多くなってくる。本来銀行等はお客の財産を機密にしておかねばならないが、正真正銘の商売に機密というものがあってはならない。そのために

二重帳簿、背任横領、私利私欲に走る重役が出るとともにその会社自体と従業員の前途を止めてしまうことがしばしば起きるのである。

以上が渋沢の格言の一部である。渋沢の経営の根本はあくまでも『論語』であり、そこから発信する考え方は道義心である。正義、信義、信用、信頼、誠実、勤勉、努力、質素倹約等がよく言い表されている今日的言葉である。当然ながら、渋沢の道義心は儒教的道義心が中心である。その考え方は人間とは本来こうあるべきだとの教えであり、従って何年経とうと変化はないということである。また、変化してはいけないと言っているのである。

道義心に旧も新もないがあえて分けるとするならば、①人間天命論、②論語日常実践論、③我身反省論、④弁《わきま》え論、⑤真正の利殖は仁義道徳にあり、等が旧の道義心といえる。また、新しい道義心というならば、①正道永続論、②真の商才小悧口にあらず、③人間皆平等論、④競争有効論、⑤処世術「智、情、意」、⑥個人の富は国家の富、⑦貧富の差は当然の成り行き、⑧労資協調、⑨富の平均分配はない、等があげられる。特に競争原理の有効性、貧富の差は当然、労資協調、富の平均化はない、等は極めて今日的である。特徴的なのは、「個人の富は国家の富」「労資協調」をいいながら、貧富の差は当然の成り行き、競争有効論、富の平均化はないといっていることだ。一見矛盾するが、道義心の「論語」だけではなく、厳しい現実も含まれている「経営」を併記しなければならなかったのが『論語と算盤』であるということが理解できる。

2　ヨーロッパ民主主義的発想

渋沢の思想は、その当時では独特、特徴的である。前述したように、渋沢の根本思想は『論語』に基づく、人間は本来こうあるべきだ論が中心である。封建時代もそろそろ幕を閉じる時代を青年として過ごし、ヨーロッパをその目で見たり感じたりした当時の日本人はまだ少数である。また、渋沢のように封建社会や身分制度に反発し、人間皆平等、自由を心の中に持っている人間は、ヨーロッパにおける民主主義を理屈より先に「身体」がとても心地よく感じ、そして受け入れたのではないだろうか。渋沢の日頃の疑問や不満をヨーロッパ留学が解決してくれたのではないかと思われる。

渋沢の「民主主義」は、今日の確立した民主主義とは若干違うのではないか。政治制度の角度からみた民主主義に関して深い興味はなかったと思われるが、身分制度や職業に上下がないという点では、ヨーロッパ的民主主義と同じ考え方であったのではないだろうか。渋沢にとっての民主主義とは次に記すような思想であり、それはヨーロッパ的であると言えるのではないだろうか。

●十七才の頃の代官への反発に代表される封建社会、身分制度、職業の上下への反抗。

●母の困窮者に対する施しの精神、言い換えればキリスト教的「愛」。特に慈愛精神と差別に対する疑問、人間は皆平等で、誰でも学問を受ける権利と自由がある。

●農業を主体とする地方経済からの脱却、殖産興業への転換、特に商工業の推進を主体として国家の繁栄を考えており、商工立国の理念を唱えている。

●藩札を紙幣制度に変え、それを基本的通貨制度にしようとした考え方。これは財政、経済学に通じ、その頃の日本人では考え難い今日的財政論を唱えている。
●商人フロリヘラルトと上級軍人ヴィレットとの平等関係を日本の町人と武士との関係に置き換えて、商売は実利的で合理的であり身分が仕事をするわけではないという考え方。
●官尊民卑を排し、自主独立的精神の発展が必要。『立会略則』においても、軍や政治に対する経済の優位を訴えており、今日の政経分離という考え方。
●学問と実際との結合を重要視した。学問の裏付けなくして実業はなく、実業知らずして学問は活きずの精神で、今日の産学協同のもととなる考え方。
●「合本主義」の発想、広く資本を求め株式会社制度が商売をしていくうえで一番わかりやすく、競争や、利益分配に適しているという考え方。

ヨーロッパの民主主義の殆どは封建制度、身分制度の中から中産階級を中心とした人々が君主の暴政に対し、永い年月を経て「革命」の中から勝ちとってきたものである。日本においては、中央集権体制の一方で新しい身分制度も始まったが、一応、徳川時代の封建的社会からは脱却したという意味で、明治維新から民主主義体制らしきものが始まったということができる。

渋沢の考えるヨーロッパ民主主義とは封建制度や身分制度の打破、官尊民卑の否定、教育等を均《ひと》しく受ける権利、ということができる。しかし、渋沢の民主主義の中に、「努力をしても報われない場合もある。皆が豊かになるということはない」という現実論も明言している。まさに資本主義の原理をいっており、そこに「日本の資本主義の父」といわれるゆえんがある。

3　渋沢流の学問のすすめ

渋沢の学問の重視は福沢諭吉等と目的は同じだが、その方法論で違いを示している。それは誰に学問が必要であるかということ、どの部分に教育を重点的に施す必要があるかということ、この二つが渋沢流の学問、教育のすすめに大きな特徴を見出すことができる。

その特徴を大きく分けると次の四つが挙げられる。

①学問の必要性を徳川の世の崩壊と結びつけて考えている。
②身分制度への反発と官尊民卑打破が考えの根底にある。
③日本の将来発展のために商業教育を独立専門科目として重要視した。
④女性の地位向上のための女子教育に特に注力した。

学問と教育が必要であると考えた基本思想は、徳川幕府の崩壊と商人のレベルに帰する。徳川幕府の崩壊は武士のみが学問をすることができる身分的優位を持ちながらも、その教育は武士道に通ずる古典的概念の繰り返しであったといえる。広く日本国に通じる実学とは程遠く、言い換えれば徳川時代の商業の不振の一大原因は漢文中心の教養科目重視で、商業科目は全くといっていい程施されなかった点にある。渋沢は、自分だけでなく多くの人々が学問に接し、新しい発想をもたらすことに期待したのである。どの部分を重点的に教育を施すことが必要であるかについては極めて明確である。それは、徳川時代の商人における学問の低さが国家衰退のもとであり、将来の日本国を考えたとき、商業、実業教育の充実が必要であると考えたのだ。

渋沢は一八七五年、森有礼《もりありのり》の私塾であった「商法講習所」（注2）の管理を依頼され、やがてこれを「東京高等商業学校」に発展させた。当時の帝国大学、特に自分も講師をしていた東京帝国大学には政治学科や理財学科はあったが商科がなかった。そこで、渋沢は商科の設置を強く主張、働きかけをしたが、望みはかなえられなかった。しかし、一九二五年に、ようやく東京高等商業学校が東京商科大学になった。後の一橋大学である。このように時の帝国大学でも商科を軽視していた現実を垣間見、それに対して渋沢がいかに商業の学問の大切さを訴えたかがわかる。

渋沢流の学問のすすめの特徴は、学問と実際の結合ということができる。「徳川二百六十五年。商売に対してはほとんど教育はなかった」と渋沢は批判している。その時分の商売人の教育は日常的には『商売往来《しょうばいおうらい》』（注3）と『塵却記《じんこうき》』（注4）を読めば沢山だとされていた。『商売往来』は本来習字の手本として編集されたテキストだが、商売用語などが含まれており、商人の基礎知識を奨めた書物である。一方、『塵劫記』は算術の基礎を教えるための定番であった。

これらのテキストには発展的な数学内容は含まれていない。つまり昔の経験話の集成であり、新しいものを生み出していく学問的書とは無縁なものであった。

渋沢は専門的学問の必要性を痛感していたのではないか。だからこそ、特に商工業教育に力を入れていく。その根底には前記のように、江戸時代までの身分制度における商人蔑視あるいは官尊民卑を打破する思想が据えられており、学問の奨励をもって近代日本、近代社会を創生しようとしたのである。

また、女子教育にも積極的であった。天保生まれの渋沢は、日本女子大学への関わりについて当初は消極的であった。成瀬仁蔵がしきりに女子大学創立を訴えているが、渋沢はどちらかといえば漢籍で修養してきたので「女子と小人は養いがたし」という考えを持っていた。これに対して、成瀬は女子を国民として人として教育すると熱心に唱え、その結果、成瀬の言っていることは正しいと気づき協力を惜しまないようになった。後に渋沢は「孔子もここまでは考えが及ばなかったのかなと思う次第である」と言っている。

また、上流階級女性の社交教育機関として設立された「女子教育奨励会」（一八八六年）と、その子女の教育機関である「東京女学館」（一八八八年開校）にも積極的に関わった。

同校は良妻賢母的な教育を前提としつつも「欧米の婦人」と同等な教育とするために設立されたもので、教師全員が宣教師、授業は全て英語でなされる完全な欧米式学校である。儒教を旨とする渋沢とは異なる思想ではあるが、礼式をことごとく欧米の型に改め、日頃の教育の中で女性の権利と地位の向上に励んだのである。

この時代はまだまだ女性は家の中で良妻、そして賢母をもって良とする習慣が強く、社会への進出を前提とした教育を施すことなど考えもしないのが一般的であったろう。その中でヨーロッパ的女性教育を理解し実践した渋沢は、大きな視野と思想と将来の日本のあるべき姿を確実に頭の中で描いていたと思われる。

4　労働問題と労資協調

前述の通り、渋沢は徳川時代末期に生まれ、裕福な農家に育ち、やがて武士となり、将軍となる人に仕え、その後官吏となるも順調に出世し、経済界に転身した後も、常に指導者で人の頭に立ってきた人である。その人が明治十年代には工場法という法律に興味を持ち、労働組合にも理解を示し、一九一一年（明治四十四年）には「当来の労働問題」と題して意見を述べ家族的温情によって労資の協調を図るべきであると主張している。渋沢の経歴からいって、およそ労働者側に対する理解を示せる立場や環境ではなかったと想像される。しかし、実業経済界を考える時に働く者の立場を考慮しなければ企業は成り立たないことをよく知っていた渋沢である。渋沢という一人の実業家がこの時代でなした労資協調及び労働問題に大きな理解を示し実践したことは、渋沢の最大の功労であったといえよう。それは日本の資本主義の発展に必要不可決であったと筆者は考えるからである。

渋沢の労資協調の根本は、家族的温情主義で労資の協調を図るべきとの考え方である。そして、世界大戦以来労働問題が嫌悪化することを憂い、協調会を設立するに至った。渋沢の趣旨は、労働問題は「到底日本旧来の温情主義のみをもって解決することはできない。資本、労働の中間に立ちて、将来資本家の我侭《わがまま》によって、もしくは労働者の無自覚のために生ずる両者の衝突を最も公平に判断し、調停せんとするものである」という考え方である。それが財団法人として正式に生まれたのは一九三八年のこととなるが、その後も渋沢はたびたび労資の調停に立っている。

協調会は労働争議の調停、労働行政に関する政府への建議、労働者学校の経営、労働問題に関する雑誌や資料の発行、講習会、講演会の開催、調査活動を行った。渋沢は副会長として積極的に活動した。

世界的には一九一七年のロシア革命の成功、欧米諸国における労働組合の発達、国際労働会議（ＩＬＯ）の開催など国際的に労働問題が注目を集めるようになった。日本においても大戦後の不況によって労働争議が起こるようになり、労働問題が盛んに議論された。こうしたなかで渋沢は労資が協調しなければ日本の経済活動は発展しないという、当時としてはスケールの大きな経営感覚を持っていたのである。この点が他の大事業家とは大きく違うところである。

渋沢の資本家と労働者観、そして富とその分配観はどうだったのだろうか。

「不肖渋沢がおのれ一人の身のために今日まで計ってきたならば富豪の列に入っているだろう。そういう真似は私にはできない。渋沢の富は飯を十杯も二十杯も食いたいための富ではないのであって渋沢が人のために、世のために働くための富なのである」という主旨のことをいっている。世の富豪が個人の利益だけを図り、渋沢のような公共心を持っていないために社会主義が起こるという理解である。渋沢は不可能であることを知りつつ、全国民が豊かになる理想を持っていた。

筆者は渋沢の温情主義と労働者が働いて賃金を得るという労働についての考え方に一定の理解を示すことはできるが、今日的労働問題から観察すると本質的なところで違和感を持つのである。第一次大戦後に労働運動との融和を目指すため、一九一九年十二月に「協調会」が設立された。渋沢は温情主義だけでは解決困難であることはどうやら理解するに至るが、「協調」というものが労資の歩み寄りによる妥協で解決できると考えていた。労働者の本質を見極めるのに時間を要した。

幾多の問題を解決してきた渋沢であるが、この労資問題については論語的発想でも解決できなかったようである。しかし、前述のように徳川時代の封建制度は終了したが、新たに労資という対立の中であえて反対側である労働者側に立って一定の理解を示し、今日でいう調停委員会という制度を設立したその発想の豊かさと、見識の深さにおいては他の経済人の到底及ばないことは大いに認めるところである。

（注1）**堯舜**（ぎょうしゅん）、**文武**（ぶんぶ）、**周公**（しゅうこう）　堯舜は中国古代の伝説上の帝王、堯と舜。文武は周の文王と武王。周公は文王の子。仁政を行った君主として儒家の尊崇する聖人とされた。

（注2）**商法講習所**（しょうほうこうしゅうじょ）　一八七五年（明治八年）、駐米日本代理公使を終えて帰国した森有礼が、渋沢栄一の協力を得て、銀座尾張町に創設した商業学校。現在の一橋大学の源流。

（注3）**『商売往来』**（しょうばいおうらい）　江戸時代の往来物の一種で、商業に必要な語彙や知識、商人の心がまえを説いた初等教科書。明治初期まで二百種以上の増補、改版を重ね流布した。

（注4）**『塵劫記』**（じんこうき）**吉田光由**（よしだ・みつよし　一五九八〜一六七二）　編著の算術書。九九、算盤の他、米の売り買い、金両替、船の運賃など生活に即した内容が含まれている。

第三章

渋沢の実業と社会事業の実績

渋沢栄一（前列右より２人目）と三井組の人々（渋沢史料館所蔵）

第一節　起業の時代背景

企業が多く興った時代背景は、明治維新をなし、ヨーロッパから教わって試行錯誤を繰り返していた明治初期から十五年以前と、企業が次から次へと興る明治十五年以後とに大きく分けることができる。

1　明治初期から明治十五年以前

明治六年、官吏を辞し民間に下った渋沢が第一に興したのが官界にいた頃に手掛けていた第一国立銀行の設立である。その当時の日本の商工業のあり方は江戸時代の商人の枠を大きく超えておらず、およそ「業」というものではなかった。農業、工業もしかりである。金融においても両替商が主流であり、明治二年に全国主要都市に為替会社と通商会社が設立されたが、業績はふるわず失敗するありさまであった。

政府は、この失敗を繰り返さぬために新たに条例を制定し、銀行制度を樹立しようとした。これが国立銀行条例制定となるものである。一方、通貨制度においては大蔵少輔伊藤博文が明治三年十月にアメリカ合衆国へ銀行制度、通過制度、公債発行制度の調査のため赴き、結果として「金本位制度」、「金札引換公債証書の発行」、「紙幣発行会社の設立」を日本で実施することになった。金または紙幣の引換と、それを公債証書にして営利事業として育成していった。銀行紙幣の発行と普通の銀行業務、そして今日の税金の納付業務、預金、為替業務を行ったのである。

江戸時代から両替商であった三井組、小野組、島田組の支店が全国各地に出店しこれらの業務を行ったが、小野組、島田組は破産。それに伴って銀行紙幣と政府紙幣の不換性がもたらされた。

明治八年には華士族の秩禄廃止、金禄公債証書の下附という政府の方針が内定していることが、逆にこの公債証書を源資として国立銀行を設立することで、全国の金融の流通、商工業の発展、失業者の雇用対策を推進することになった。第一国立銀行、横浜第二国立銀行、新潟第四国立銀行、鹿児島第五国立銀行に続いて、銀行は九年より十二年にかけて次から次へと設立されたが、明治十二年十二月、京都第百五十三国立銀行を最後として設立を停止した。要するに発行紙幣の過剰と、それに伴う紙幣の下落を招くことになったのである。

一方、金融的側面からみれば、西南戦争費用の捻出のための政府紙幣の増発、通貨の過剰と下落は物価の騰貴を招き、そしてインフレ状況になり好景気がもたらされた。明治元年と七年に二度不況に見舞われたが明治になって初めて好景気、インフレとなった。当然ながら土地も高騰した。最初に力を得たのは農民であり、農地を高値で売って「一夜成金」が多数発生し、併せて東京、大阪、京都等諸都市も人口は増加し、通貨は充分に流通し、大いなる活況を呈し、商工業も大いに発達したのである。

このインフレ景気は銀行業に大きな発展をもたらした。国立銀行といっても今日の私立銀行で、明治十五年には百七十六行にも及んだ。次の時代に総括されて組織を完成させられることになるが、我が国の近代資本主義が、最初の好景気でまず「銀行景気」を出現させた。市場への金融供給の円滑化は商工業の発達をもたらし、人々の生活も向上させるという近代資本主義の根本をなすところの金融組織の充実は、国力をも引き上げる結果になったのである。

渋沢の実業の前半は、江戸時代の古い仕組みを残し、そこから脱皮するプロセスの中で西欧型金融システムの導入をもって銀行業を発展させたところから始まったといえよう。

2　明治十五年以後

渋沢の起業の後半である明治十五年以後の時代背景はどうだったのだろうか。

通貨の増発はその価値を低下させ、インフレをもたらす。貸出の金利は高騰し、ようやく今日でいうバブル期であることに気付くのである。明治十四年のピーク時を迎えてインフレからデフレへと移り、十七年の恐慌まで景気は下降に下降を続けることになる。時の大蔵大臣松方正義は、国家財政と国民経済を救うために強い緊縮財政を断行した。十五年以後の三年間、歳出の据え置き、地方財政への補助金打ち切り等、景気の転換策を強く推し進めたのである。

この時の状態は不景気の極地であり、米価の低落は農家をどん底に陥れ、多数の商工業者は十六年、十七年にわたって続々と破産倒産した。

商工業者の困窮が続き、十五年八月に飯山第二十四銀行、十一月には大阪第百二十六銀行、十六年には大阪第二十六銀行、須賀川第百八銀行等、続々と銀行が閉店に追い込まれた。イギリスのオリエンタルバンクの横浜支店でさえ閉店となったのである。

銀行の倒産が相次げば、結果は当然ながらいわゆる「恐慌状態」となる。しかし、この我が国最初のデフレ不況は、外見上の不幸にもかかわらず、内面的には日本の近代資本主義の発展を基礎から創り上げることになるのである。

明治十五年十月に日本銀行が開業、十八年五月に兌換銀行券が発行され、十九年一月以降漸次不換紙幣に変換され、国内通貨制度が確立するに至った。逐次国立銀行が普通銀行に転換され、中央銀行を中心とする金融網の確立がなされた。金融秩序の維持、景気対策を司る日本銀行中央銀行体制がここに樹立したのである。

一方、日本の景気を支える農業、農家は土地の小作人化が進み農村の階層分化が促され、それは日本のその後の農業発展にとって大きな障害の始まりであった。それは第二次大戦後の小作人制度、農地改革まで永い時代続けられるのである。また、商工業者をみればこの時に多くの中小工業者が倒産し、今日でいうところの零細企業の「不利」を時の企業家は痛感するに至り、大企業、財閥会社、政商へとつながる大会社唯一論、重厚長大型企業の優位がこの頃より起こってきたと筆者は考える。

渋沢は明治四年に『立会略則』を著し、株式会社の組織論を説いて合本主義の重要性を訴えてきたが、前述してきたように経済は好景気と不景気が必ず発生し、しかもそれが資本主義の合理的な原則のもとにもたらされたことを理解し、紙幣の増発による好景気が空虚であると、渋沢や経済人たちは実感したのである。

明治の初期から中期に経験した好景気と不景気が日本の資本主義、経済、金融システムを根本的に強化することになり、明治二十年頃に入って世界経済に発進し対峙していくようになるのである。

こうした時代を経て明治二十年代の後半期を迎え、渋沢が描いていた商工業が次々と設立される時代がやって来る。

第二節　実利事業の創業と社会事業への参画

明治十九年、兌換制度が始まり、通貨が安定し金融も円滑となり、金利も低下し明治二十年、二十一年と堅実な好景気をもたらした。その時代に新設企業は空前の盛況を示し、多数の企業が勃興した。

最初に興るのは国内運輸の発展をもたらす鉄道事業、そして軽工業の中心となる紡績業である。金融網がほぼ完成した日本近代資本主義が歩むべき当然の道程であった。鉄道、紡績景気といっても良いだろう。渋沢はこうした時代背景のもとに、次々と新しい企業を興していったのである。（表1）

このような状況の中で渋沢は実利事業を創立してきたのであるが、一方、実業の数を超える程の社会事業を起こした背景はどうだったのだろうか。

渋沢は単なる実業家や企業経営者でも資本家でもなかった。わかりやすくいうと、単に金儲けだけの企業家は真の実業家ではないという強い信念を持っていたのである。富は自分一人のものではなく社会や国全体のものであると断言しており、また、自分の富はご飯を十杯、二十杯食べるためにあるものではなく、いかに世の中の人のために使うかが重要であると後年話している。この考え方の延長線上には必然的に、実利事業の他に、世のため人のためにお金を使う社会事業創立理念が湧き上がっても不思議ではない。

『論語と算盤』説、「道徳経済合一説」を唱える渋沢は、事業というものに仁義道徳、精神を常に付加しなければならなかったのである。その付加価値が渋沢にとっては、学校教育、病院、商業会議所、労資協調、国際親善、世界平和の促進等であったに違いない。

渋沢が社会事業を本格的に起こしたのは実業界を引退してからである。「私は大正七年に七十七才になったから、せめて此晩年を報酬のない公共的な社会事業や外交問題等の為に尽くしたいと思って、全く実業界から引退したのである。而して多年の勤労により得た多少の貯蓄を以って、全く報酬のない仕事で、しかも国家永遠の大切なる仕事に奉仕したいと期念したのである」と言っている。ともあれ渋沢は以後十五年を社会公共事業のために捧げたのである。

社会事業の主なものの一つとして東京市養育院が挙げられ、その関係は明治七年、渋沢が東京府知事からその共有金の管理を命ぜられたのに始まる。共有金とは、寛政年間、老中松平定信が江戸の町政を改革し、町費を節約し、その余剰金が維新後東京府の保管に属し、府はこれを公益事業に利用した。その一つが東京市養育院で、渋沢は共有金取締となり、事務長そして院長を亡くなるまで続けたのである。長期療養の収容者のための施設、感化を必要とする少年のための学校を設置し、事業を拡大した。現在は「東京都福祉保健局」の所管として、高齢化社会に大きな役割を果たしている。渋沢はこうした理念背景をもとに、多くの社会、公共事業を手掛けたのである。（表2）

表1　渋沢が関与した実業

1. 銀行・鉄道・海運関係	2. 紡績・製紙・燃料関係	その他
第一国立銀行	王子製紙(株)	東京製綱(株)
(株)二十銀行	磐城炭砿(株)	三本木開墾(株)
東京海上保険(株)	京都織物(株)	浅野セメント合資会社
(株)七十七銀行	三重紡績(株)	日本皮革(株)
参宮鉄道(株)	大阪紡績(株)	十勝開墾合資会社
日本鉄道(株)	東京帽子(株)	三本木渋沢農場
日本郵船(株)	品川白煉瓦(株)	東京瓦斯(株)
(株)東京石川島造船所	石狩石炭(株)	東京印刷(株)
(株)東京貯蓄銀行	中央製紙(株)	洲崎養魚(株)
東洋汽船(株)	東京毛織物(株)	若松築港(株)
北越鉄道(株)		広島水力電気(株)
汽車製造合資会社		萬歳生命保険(株)
浦賀船渠(株)		(株)帝国ホテル
岩越鉄道(株)		大日本人造肥料(株)
北海道鉄道(株)		澁澤倉庫(株)
京釜鉄道(株)		渋沢浅野砿山組合稷山金鉱
(株)日本興業銀行		日韓瓦斯電気(株)
京阪電気鉄道(株)		清水満之助商店
日清汽船(株)		茨城採炭(株)
		韓国興業(株)
		渋沢商店
		堀越商会
		足尾鉱山組合
		日本煉瓦製造(株)
		帝国劇場(株)
		大日本麦酒(株)
		合名会社中井商店
		中外商業新報社

表2　渋沢が関連した社会事業

1. 専門教育・女子教育関係	2. 病院・商業会議所関係	その他
養育院	(社)東京慈恵会	(株)東京株式取引所
東京感化院慈善会	(社)日本赤十字社	東京銀行集会所
東京高等商業学校→一橋大学	恩賜財団財団済生会	東京出獄人保護所
工手学校→工学院大学	聖路加国際病院	中央慈善協会
明治法律学校→明治大学	(財)日本結核予防協会	中央盲人福祉協会
専修学校→専修大学	(大日本私立衛生会内)	岡山孤児院
青山学院	浅草寺救護所	(社)埼玉育児院
國學院大学	(財)癩予防協会	(社)白十字会
二松学舎	余生病院	
同志社大学	救世軍病院	
慶應義塾大学	(社)同愛社	
早稲田大学	東京商業会議所	
深谷商業学校		
日本女子大学校		
東京女学館		
跡見高等女学校		
女子英学塾		
普通土女学校		
第一女子商業学院		

第四章

渋沢と経営理念

東京高等商業学校「七十寿祝賀会記念帖」より（渋沢史料館所蔵）

第一節　他の起業家との相違点

渋沢の経済人としての「商工立国」「道徳経済合一説」の理念は前述のように、生まれ、育ち、環境、青年時代の武士への変身、官吏への進出、実業界への転身、そして何よりもヨーロッパ留学で先進社会を見てきたこと等、彼独自の経験を経たことで生まれ、彼は日本経済界の指導者となったのである。

実業界そして社会事業、公共事業に取り組む姿勢や理念をまとめてみると、次のような特徴を挙げることができる。

①論語を経営の基本原則として、その教えの中で経営判断をしていくことを第一義とした。

②経済と論語道徳は一体であって、これが真の商人、経済人であるという信念を持っていた。

③徳川時代の両替商的個人経営より、皆で出資し合理的経営の合本主義株式会社制

度を目指していた。
④身分制度、封建時代への反抗、基本的に自由民権思想の持ち主であった。
⑤商人の地位の確立、政治家や軍人より優位とし、政商、財閥を嫌った。
⑥単なる道徳論者ではない。営利や富の必然性を肯定しつつ、その富をどう社会に役立てていくかが実業人であるとの信念。富は個人だけのものではなく、世のため、社会全体のものであるという思想の持ち主であった。
⑦富の根源は仁義道徳。正しい道理の富でなければ永続しないとした。
⑧『論語』は『大学』『中庸』と比べ実際の生活での教訓が集められているところから、現実的かつ合理的で経営や生活をしていく上で最も間違いのない教訓であるとの強い信念を持っていた。
⑨労働者と資本家の間は家族の温情主義をもって解決されることが理想である。しかし、『論語』の教訓だけでは労資協調がうまくいかないことも理解していた。
⑩商人には商人の高等教育、専門教育が必要である。帝国大学に商学部の設置を要請するが果たせず、商業専門科目を取り入れた学校づくりに注力した。

⑪女性の地位向上を目的として、女子教育、高等教育に力を注いだ。当時の資本家層で女子教育、高等教育を奨励した者は少ない。
⑫企業の重役は資産を自己専有するものではなく、公私の区別がなく簡単に法律を犯し、企業と従業員の前途を止めてしまうようなことは絶対に許されない、という考えの持ち主であった。

渋沢の思想体系、理念は商工立国の理念にあり、経済の政治に対する優位である。複雑ではあるが最も特徴的なものは精神であって、その根本は道義を至上命令ないし第一義とするものである。営利の必然性も、資本蓄積も認めつつ、それは道義に合致するものでなければならぬとした「道徳経済合一説」ということができる。この基本的思想と、人間皆平等主義、自由主義的発想が渋沢の真骨頂である。

『論語』による事業経営、すなわち道徳や仁愛の言葉で言い表した人道主義についても晩年まで訴え続けてきたことである。今日の経済界においても時々、この道義を踏み外し、私利私欲のために株主や出資者、従業員、ひいては社会全体を混乱に陥れる経営者の質を問われるような事象が散見される。

いうまでもなく今日までの資本主義時代にはその時代を代表する企業人が現れている。当然のことながらそれぞれ個性があり、高邁な理想をもって経営にあたった企業人もいた。しかし、日本資本主義発達史上、実業と道徳を常に一体とした経営の中に最上の「商業」「経営」を求めた渋沢栄一のような大起業家はいない。

前述のように、渋沢とは違った根本思想を持ちながら今日の日本経済、資本主義に大きな足跡を残した大起業家もいる。その人たちとの相違点を明確にしてみたい。

1　岩崎弥太郎（一八三四年〜一八八五年）の経営理念

岩崎弥太郎
（国立国会図書館提供）

天保五年、土佐国安芸郡にて出生した岩崎弥太郎は、渋沢と違って最悪といってよい環境から出発した。当時の土佐藩の身分制度は大変厳格なものであった。岩崎は武士であっても武士ではなく、農工、商の身分かというとそうではない、なんとも説明のつかない中間的身分の「地下浪人」の家に生まれたのである。武士の特権は全く有せず、極貧層の中に出生した事実は、その五十二年の人生そのまま、ふてぶてしい生き方をみると、第一に看過できない重要事である。

最悪の身分制度の中から出発して成功を勝ち取った者は岩崎以外にはいない。

明治期に同じように起業した渋沢や安田善次郎は制度上では低いながらも商人や下級武士という固定された制度の中から出発して上昇気流に乗った人たちである。従って岩崎は渋沢のように『論語』とか商人道とかいっていられない、なりふり構わない、負け犬にはなりたくない一心で「商人道」ではなく「商売」に励んできたのだと筆者は考える。

「三菱会社社則」の第一章総則第一款「立社体裁」の中の第一条に、今日風に訳すると次のような記述がある。

「会社と称し、会社の形はとっているが、三菱は会社ではない。岩崎弥太郎個人の実業だ」。弥太郎のこの矛循に満ちた独裁宣言もその生い立ち、環境を知らずして、真に理解することはできない。

父親も渋沢とは全く違う。渋沢の父親は仕事熱心、信望豊かな人物、幼き渋沢に『論語』を教える程の好人物であったが、岩崎の父親は働かず、少しでも金があれば昼間から酒を飲む、渋沢の父親とは違う環境下にあった。

岩崎は若い頃は武芸も学問もみるべき才能を発揮していない。海賊の首領のごとき風貌をしていていかにもふてぶてしい。しかし、一直線の行動力は他と比べて劣ることはなかった。

吉田東洋との出会い、後藤象二郎の引き立て、坂本龍馬と海援隊との商売上の出会い。海運業へ転身し、明治三年に「九十九商会」を設立、この時三菱の商標を表す。明治六年に「三菱商会」を設立、独立した。三菱商会は私企業として発足、商人主義に徹し、小僧に頭を下げることが悔しいならば金に頭を下げると思えと社員教育を徹底させた。ここには渋沢の道義とか道徳の二文字は出てこない。「道徳経済合一説」など無視、利益の追求のみであった。

人を見る目も渋沢とは違う。渋沢は大蔵官吏の時代に大久保利通と意見の相違があり辞職した。岩崎は三菱の保護者に大久保利通を選んだ。明治七年の佐賀の乱の時も、三井は木戸孝允の長州を推したのに対し、岩崎は徹底して大久保の薩摩を支援した。その見返りとして三菱は軍備輸送を一手に引き受け海運の三菱として大きく飛躍したのである。西南の役の頃には汽船六十一隻、三万五千四百六十四トンを所有し、全国汽船総トン数の七三%を占めるまでに成長している。

最大の庇護者大久保利通が暗殺され、頼りとする大隈重信も政変で失脚すると、三菱は大きな後ろ盾を失った。渋沢と大倉喜八郎と政府が手を結び「共同運輸会社」を設立し、三菱潰しを謀った。この時に岩崎は運賃のダンピングと輸送時間のスピードアップを図り、一方では共同運輸会社の株を徹底的に買い占める戦術に出た。同じ手口で長崎造船所、兵庫造船所を三菱の所有にしている。

明治十八年二月に岩崎は五十二才の若さで生涯を閉じた。波乱に富んだ短い人生であった。岩崎の企業家としての人生を記したが、渋沢と比較して大きな違いがある。それは、渋沢が生まれた時から企業家として育ってきた過程と全く違う経歴をたどっている。商売は競争であり闘いであり、しかもどんな戦術を使っても勝たなくてはならないという思想が中心で、そこにフェアプレイ精神とか道徳とか、富は社会や国全体のものであるという発想はあまり感じない。

時の政府の要人を保護者として選び、商売に結びつけ、企業を拡大していく手法も、単に勝負に勝たなければならないという強い信念がもたらすものである。その結果、岩崎は政商と呼ばれ、三菱は財閥と呼ばれるようになる。

また、経済に道徳とか仁義というものを結びつける思想はなかった。岩崎は、その生まれ育った環境から、明日のことを考えるより今日をどう過ごすかに迫られて命がけで生きてきた。そして岩崎は、その家格や武士の身分とは無縁であったため、お金を蓄積することで見返すこと、それによってプライドをかろうじて保った人生であったといえるのではないだろうか。

実業界では一種の余裕を持ちながら業界の大御所といわれてトップを走り続け、引退してからはその蓄財をもって社会事業、公共事業を起こし、社会的名声を得て、しかも他の企業人は男爵の爵位が相場だったのに一枚格上の子爵の位を授かり、九十二才の天寿を全うした渋沢と岩崎とは正反対の経営理念を持ち、行動を取ったといえる。

商売、商人を道徳、仁義と結びつけ、論語の世界から経営道を確立し、本来こうあるべきであるという理想を追求した渋沢と、その場その時の商いに勝たなければ生きていかれなかった岩崎とは大きな相違がある。それは、生い立ちから推してもその相違は十分に理解されるところである。経済界の大御所と呼ばれるようになる渋沢は恵まれた環境の中で育ってきても、それに慢心することがなかった。渋沢のように経済や経営を広くそして深く「道」として追求した人は他にはいない。

しかし、筆者は明治の起業家として信念を持ち続けた岩崎が七十七才まで生きて商業、経済人として活躍したらどうだっただろうか、そしてその後九十二才まで生きたならば、公共事業や社会事業を創立したのではないかと考える。ないものねだりとなるが、弟の弥之助に引き継がれた今日の三菱をみていると、もし岩崎が長生きをし、実業界を生きていたなら、きっと労資問題、学校教育、公共事業等の社会事業においても、渋沢とは方法は違っても立派な業績を残したであろう。

なぜなら岩崎が臨終を迎える時に長男の久弥、弟の弥之助を呼んで、「吾が使いたる雇人は吾死後と雖も旧の如くに之を使用せよ」と何回も社員の行く末を心配し、念を押しながら永眠についたという話が残っているからだ。岩崎にも渋沢と同じ人間愛というものがしっかりあったのだと思う。そして今日、日本経済に大きな影響をもたらす大三菱になっている。三菱には、岩崎の商売に徹し、競争には負けない精神が脈々と生き続けていると思うのである。

2 大倉喜八郎（一八三七～一九二八）の経営理念

大倉喜八郎
（国立国会図書館提供）

大倉喜八郎は、今の新潟県新発田《しばた》市の城下町に、天保八年、名主の子として生まれ代々質屋で裕福な少年時代を過ごす。十八才の時、家は父母の死をもって崩壊し、江戸に出ることになる。この江戸出発に際しては、渋沢と共通するエピソードがある。大倉の友人の父親（町人）が路上で目付役の藩士に会った。父親は路上に土下座したが、折り悪く雨で路上が泥まみれの状態、下駄を脱がなかったために咎《とが》められ、一日の閉門謹慎を命じられた。これを近くで見ていた大倉は身分制度、封建制度に大きな怒りを覚える。渋沢が十七才の時に代官に対して覚えたあの怒りと全く同じ思いをしたのである。

大倉は三年間を麻布飯倉の鰹節屋の店員として働き、やがて下谷に小さな乾物屋を開いた。「大倉屋」の誕生である。当然ながら骨惜しみなく一生懸命働き続けた。

ここまでは通常の立志伝に出てくる人たちと同じだが、一つだけ違うところは多忙の中、大倉はよく新聞を読み、世上の動きを敏感に捉えていた。鉄砲の商いを思い立ち鉄砲商となる。ここで乾物屋がなぜ鉄砲屋に転身したかである。儲けは当然大きくなるが、無難な毎日の乾物屋と命を懸ける鉄砲屋とではそのリスクの大きさは比べようがない。公私ともに大きな危険の中に身をさらすことになる覚悟で転身。大倉はこの時から命を懸けた異常なまでの、すさまじい企業家の道をたどるのである。

やはりこの中に、渋沢のように経営と論語、商売に道義道徳を尊重する思想は出てこない。世の中の変化に、自分が企業人としてどう大きく参加できるかが大倉の当時の目標であったに違いない。即刻八丁堀の鉄砲商、小泉忠兵衛のもとで見習いを始めてから四ヶ月後に独立開店する。開店といっても仕入資金などあるはずもない。大倉は今でいう注文販売を実行したのだ。手付金を持って夜道を徹して買付に行くのである。夜道の、命を懸けた危険な仕入道中である。当然ながら他の人は鉄砲商など危険が大きい商売に手を出さなかった。慶応四年、江戸ではすでに官軍が入ってきた頃のことである。大倉は金払いがいいという理由でなんとなく官軍側へと鉄砲を納めることになる。そこには、商人の道徳や仁義などといったものはあまり見出せない。あくまでも金払いがよい、約束を守るという商法に徹していたということである。一つの例として明治二年、東北唯一の勤皇方である津軽藩から二千五百丁の鉄砲発注があった。鉄砲を青森まで運んでくれれば米俵一万俵を渡すという条件である。帰路も、官軍の臨検を受け、官軍を装ってこの難関を乗り切った。発覚すればまさに死罪である。大倉の生涯は殆どこのように命がけの商売であったといえる。

渋沢はこの頃、ヨーロッパ留学から帰国して官吏として順調に出世し、経営、経済、金融等日本の経済というものを考えていた時期であるから、大きな違いがある。

大倉は明治五年、ふいにアメリカ、ヨーロッパに自費留学をする。商売は一時休業、鉄砲商の他に次なる商売を見出すべく摸索を続け、帰国後はお茶や衣料品の輸出入をも始めている。この留学で大倉は将来実業以上に大きな飛躍をもたらすチャンスを得た。ロンドン滞在時に欧米視察中の岩倉具視、木戸孝允、大久保利通といった若くして将来日本を支えることになる三人と面識を持つことになるのである。

明治七年、台湾出兵のため政府の軍需物資と労働者を運ぶことになったが、危険が多いため誰も引き受け手がいない。そこで大久保利通の要請もあり、大倉が引き受けることになり、部下に任せきりにせず自ら一緒に船に乗り込んだ。無事に目的を果たして帰国したが、今度は労働者の保証問題が起きた。大倉はこれを自社の経費で解決し、多額の出資の代償として政府の無形の信頼を勝ち得ることになる。この場面は岩崎弥太郎と似ているように思う。

明治二十七年、日清戦争が始まった時の軍需物資の輸入供給は合資会社大倉組が一切を請け負った。反面、業務独占とみられ、戦地に送る缶詰に石ころが入っているというデマが飛ぶことになるが、このデマは大倉にとっては大きな痛手であった。台湾総督乃木希典に面会を謝絶され、明治天皇にも不審の念を持たれたのである。そのためか、大倉は明治天皇の在位中は他の企業人が爵位を持っていたにもかかわらず、男爵を授与されることはなかった。

明治三十二年、台湾銀行設立委員となる。一方では五十万円を拠出して大倉商業学校を設立し、商業人の育成に努めた。その後も積極的な事業展開を行い、最盛期には三百社に及ぶ大倉財閥を作り上げ、産業界に君臨した。

大倉の特徴は、渋沢や岩崎と違って自前の銀行を持たなかったことである。もっぱら産業資本に投下し、一代限りの精進を全うしたことである。終始攻めの商売に徹し、命を懸けた商業人大倉は九十二才で生涯を閉じる。

その生涯は「道徳経済合一説」の渋沢とは相違し、「三菱は岩崎個人である」といった岩崎と企業人として似ているところがある。大倉一人で命がけで創った大倉財閥は大倉の死後急速に振るわなくなり、敗戦とともに財閥は解体され、今日その伝統を継ぐ企業としてはホテルオークラ、大成建設、帝国ホテル、旧千代田火災海上等となっている。大富豪となり九十二才まで生き渋沢と同じ境遇となった大倉は、一代の実業家としては必ず名前の出る近代起業家の偉人ではあるが、日本の経済界の大御所とか、商人道を貫いた企業人として今日渋沢ほどは伝わっていない。

しかし、類いまれな事業意欲と、命を懸けた商売、財閥としての継続などを目的としない、その時その時の商売に全力を注ぐ「商人魂」を経営理念とする大倉が、その時代の寵児であったことは誰もが認めるところである。

3　安田善次郎（一八三八年～一九二一年）の経営理念

天保九年、安田善次郎は富山藩十万石の下級武士（足軽）の子として生まれた。安田は他の起業家にはない面白い夢を持っていた。将来は卑賤から身を起こし、天下人となった豊臣秀吉のようになりたいという夢である。単純ではあるがわかりやすい上昇思考の考え方で、当時の起業家としてみるとごく自然な夢である。

安田善次郎
（国立国会図書館提供）

また、渋沢、岩崎、大倉に共通する若い時の身分制度や封建制度への反発は安田も同じである。父親が道を歩いている時に上士が来ると道をあけて、傍らに膝をついて挨拶をする姿を見て身分制度への疑問を強くしたのである。

ところが安田は逆のショックも受けている。大阪の豪商の年若い手代が城下に御用金を運んできた時のこと、勘定奉行以下多数の上級武士が手代を出迎え、帰路も丁重に見送る光景を見て、これからは身分より経済力であると痛感した。

十六才の時、安田は武士をやめ、商人として成功するという志を持って江戸へ出る。富山は置き薬「反魂丹」の製薬と行商が有名である。少年時代から行商人を身近に見ていた安田にとっては、武士を捨てることにさほど大きな決意は必要でなかったのではないかと解される。

はじめに小銭の両替で手数料を稼ぐ広田家に奉公した。六年経っても給料は上がらない。そこで戸板一枚の商売で独立。横浜の居留地へ出かけ、スルメの投資買いを行ってこれが成功した。十七両の利益を得て、元金と合わせて四十二両の資金ができた。この資金が後の安田財閥を築く端緒となった。

安田は海苔や鰹節の薄利多売を併商しながらも、両替商一筋で朝は四時に起床し、周囲を掃除し、奉公人を起こして大八車を引いて各戸をまわり、わずかな手数料にしかならない小商いながら一生懸命に努力した。やがて、安田の商人としての大飛躍の時がやってくる。

幕末期に外国との交易が始まると、我が国の金貨が大量に国外に流出し始めた。日本では金と銀の交換比率が外国にとって有利であったため、外国人の間では安い銀貨を日本に持ち込んで、良質の金貨を持ち出すことが流行していた。日本の経済にとっては大変な損害ではあったが、当時の安田には金銭も知識もなく、ただ毎日外国人から商い手数料をとって儲けに力を注いだ。幕府は新しい小判を改鋳し、古い金銀貨を回収することにして、町の小商い両替屋にも声をかけ回収を命じた。安田はまたとないチャンスがきたとして必死の思いで働き回収成績を大幅に上げた。

慶応二年に幕府は安田を本両替商として認め、三千両もの資金を貸付し、さらに回収促進にあたらせた。常時、大金を持ち、大金を移動させるには大きな危険がつきまとい、儲けは大きいがそれだけ大きなリスクが伴う。そのうえ夫婦は一日数時間しか寝ることなく、心休まる暇もない程働いた。一つの例を挙げれば、金貨は百両ごとに、銀貨は二十五両ずつ紙に包み両替商の封印をし、中身は質も量も間違いがないことを証明する「包み替え」「座包み」作業も業務に加えた。これは今日各金融機関が百万円、一千万円を束にし、その帯にそれぞれの認め印を押すのと同じことで、この時代に安田が始めたのである。やがて三井家の越後屋が安田屋の封印のあるものは無条件で受け取る程の信用を得るようになった。

また、太政官札（金札）の発行が始まると、安田はいずれ価値がなくなるであろうと誰もが考えていた金札を買いあさった。当時金札の価値下落は半値を割る程であったが、太政官札を兌換券として額面どおり通用するように改正、安田はさらに買いあさり、維新後二年を経て一万五千両の金満家となった。

この金融業を中心とした商売、そして投機の見方、太政官札の将来性、金銀の価値等についての見定めや見識、将来予測等は、岩崎や大倉とは違うが、渋沢とはよく似ている。現在の経済学、財政学、商業を学問的にそして理論的に安田は教わっていない。生来の資質と努力の才によるものである。

さらに公金と公債でその利ざやを得て、銀行設立においては公債と銀行券発行との利ざやを得るなど合法的に、巧みに、次々と金融業を興していった。第三国立銀行、第四十一国立銀行、日本最初の民間銀行である「安田銀行」を発足させ、明治十五年には日本銀行の事務御用掛、局長、理事、監事を歴任する。安田は日本銀行から莫大な資金を得て経営不振銀行を救済し、そのまま自己の傘下に収めていったのである。

安田は自らの実業の中で金融業を第一に心掛けていた。「銀行実践訓」と題する十四頁からなる従業員服務規定がある。その中に「毎朝六時に起き、夜は九時に帰るべし、朝帰夜更しは身体を害し勤務を害す。来客に接するには貴賤貧富を問はず、必ず其の意を誠実にし、温和丁寧になるべし―」とある。最も必要な銀行員の基本中の基本をいっているのである。

晩年の安田は熱心な仏教信者であり、毎朝仏花を供え、読経を欠かさなかった。家庭内では木綿着で通し、食事は家中で一汁一菜。「勤倹」を好み、自身は「勤倹堂力行道人」と呈した。五十才で表向きは引退を表明し、七十才で正式に引退している。

儲け方についてはどの企業家もいわれることであるが、安田は社会奉仕の念も強く、日比谷公会堂、旧安田庭園、東京大学安田講堂などは安田の寄付によるものである。

安田商店―安田銀行は昭和二十三年に富士銀行となり、芙蓉グループと名を変え旧安田財閥をリードした。旧安田信託銀行、旧安田火災海上、旧安田生命、旧日本鋼管、丸紅、旧日本セメント、日清製粉、日立製作所、キヤノン、東武鉄道等もグループに参加している。

安田の企業家としての特徴は、一生懸命働くことは同じであるが、「金融業」一本に絞って、日本の発展とともに、金融、世界景況、日本の景況にいつも敏感に反応し、併せて時の政府の動向に合わせる戦法をとることである。従って、その意味では政商、そして財閥への道をたどるのは必然的結果であろう。企業家として五十才で実質引退、大正十年の八十四才時に国粋主義者の青年の凶行に倒れたが、その間には社会的事業も行っている。商売に仏教という信念と生き方を見出し、質素倹約を旨とするという生き方、そして銀行員はお客様の貴賤貧富でその応対に違いを持ってはいけないという心得は人間皆平等の信念を持つ経営者であったといえる。その点で渋沢と共通していると考えられる。

渋沢と比較すべき明治創業の企業人は他にも沢山いるが、筆者はあえて岩崎弥太郎、大倉喜八郎、安田善次郎を選んだ。岩崎弥太郎の生い立ちから経済人としての過程は正に企業家であり商人である。時の政府と権力と一体となった商売の在り方、そこに商人道や仁義、正義という言葉は見当たらない。偉大な企業家ではあったが、人間道、道徳を中心とする経営という観点に立つと渋沢とは大きな相違がある。しかし今日まで三菱を大きく、そして強く永続させた岩崎の教えは、良し悪しの区別ではなく日本全体の経済、経営に大きな影響をもたらした。

　大倉喜八郎はまさに壮絶な商業一筋の人生であったといえる。商いは武器等戦争必需品の売買、そして運輸であり、その時代に生まれるべくして生まれた時代の寵児ということができる。その時その時の商売を全力で命がけで生き抜いた一生は、一種の余裕を持って日本全体の経済界を見ていた渋沢とは違いがある。

　安田善次郎は渋沢と似ている。特に金融業に徹し、銀行の仕組みを理解、そして運用し、利益を得ていく方法等が渋沢に似ているのだ。また、銀行員の生活はお客様のためにあり、お客様の貴賤貧富に差をつけるなとの教えも渋沢と似ている。筆者も金融機関に身を置く者であるが、この教えは最も大切なことである。

　しかし、あえて相違点を見出すならば、岩崎・大倉・安田の三人は、やはり企業人の範囲内での偉人であり、人間はこうあるべきだ、商人とはこうあるべきだ、株式会社有効論、道徳経済合一説等、そして、学校、病院、社会奉仕等、広く社会事業まで見渡すことができ、それを実践した渋沢とは若干相違があるように思われる。

渋沢栄一の特徴はやはり『論語と算盤』に尽きるであろう。

経営そして営利をもたらすには道徳に沿った商法、人間道をもとに商売をすることに徹しており、どんな方法でも、儲ければ良いという考えは持っていない。後述するが、渋沢は目の前に儲け話があるのにみすみす離してしまうことがあり、真の経済人、商人ではないとの批判も受けるほど一見のんびりとした経済人である。農民、商人の生まれではあるが、富農で幼少の頃に父親から教育をしっかり受け、武士になり、官吏になり、経済人となり、そして徳川慶喜をはじめ周囲に日本を代表する偉人が在り、ヨーロッパ留学を経験しての識見等、大きく日本をみること、日本経済を考えることに関して、ここに挙げた三人との大きな相違点を見出すことができる。

しかし、四人には共通することがある。それは徳川時代末期に生まれつつも文化的、経済的に崩壊していた武士が相も変わらず上位にある身分制度、封建制度のもとで従前の如くあぐらをかいている。それにはどうしても納得できない。そして、いずれ自分たちの時代に変えたい。江戸へ出て改革したいという強い思いがあったことである。

筆者はこの時代の四人の若者が、どうしようもなく変えられない時代を変えるために闘った結果、それぞれの方法と理念で「我が世界」を獲得したことについては、通じるものがあると思うのである。

第二節　今日的評価と批判

渋沢は商工立国の理念、経済の政治に対する優位、その精神の根本理念は道義を第一とし、営利、資本の蓄積も道義に合致するものでなければならないとする「道徳経済合一説」を基本としている。従って利益を上げるのに手段を選ばぬ卑怯な方法はとらない。道義に一致し、仁愛の情を持ち民主主義に合致する、いわゆるフェアプレーで商売をすることを人生哲学としていた。その根本が『論語と算盤』である。第二章でも述べたが、論語は宗教ではなく倫理学であり、人間は本来こうあるべきだ、このように生きるべきだという人間の生き方を教えているものである。

前節で記したように、明治時代を代表する三人の大企業家たちは偉大な人物として後世に伝わり、興した企業も今日まで永く続いている。しかし、この大企業家たちはその時代の要請のままに、どんな方法でも儲けられる時は徹底的に儲けるという企業人としての精神、信念が明確に出されている。

従って渋沢に対する評価と批判の対象となるのは、『論語と算盤』に代表される「道徳と経済」「営利と仁愛」に関するところになるであろう。

ここでは渋沢の生前の経済人としての言動、後年の社会、公共事業に対する言動に対して当時いわれたこと、そして今日いわれていることなどをそれぞれ紹介し、渋沢の本質に迫っていきたいと思う。

1　肯定的評価

①大倉喜八郎が士魂商才の典型的人物として渋沢のことを評価している。大倉は、士魂商才などというと古臭い思想のように思うものもあるかもしれないが、国家的見地を持ち、信用を重んじる精神を士魂商才とし、渋沢はその典型であると言っている。国家意識や人と人の信頼関係を道徳的に構築しようとしたことを評価している。

②当時の首相、若槻礼次郎は「偉大な恩人」の題名の下、東京朝日新聞に次のような主旨の追悼談話を寄せている。「渋沢子爵を喪うということは国家の大損失である。常に論語を身に置き、ただ私益を得ればよいというやり方ではなく物事はすべて正しき道を踏んで経営をしなければならないということを世の中に高調した。その精神の国民に及ぼしたる偉大な貢献は言葉をもって表すことはできない」

③明治末から大正期に活躍した倫理学者、藤井健治郎は自著『国民道徳論』の中で「町人道と市民道の調和」を語り、渋沢をこのように評した。「利得の念に先だつ品位の感がなくてはならない。金銭を思う前に教養を願う心がなくてはならない。これやがて実業界の耆宿渋沢男爵が『論語と算盤』の説をせらるる所以であろう。――男爵の主張には、長い、しこうして深い経験から湧き出た確信の光がほのみえる。――道徳と経済との調和ということは、今後の国民生活上、真に喫緊のことである」

④尾崎行雄は憲政の神様といわれ、明治、大正、昭和と渋沢と同じ時代を駆け抜け

た気鋭の政治家である。尾崎は一九三六年の談話で明治の偉人の中でも非常に優れた人物が渋沢であるとして、西郷、大久保、木戸と比べても「世間を視る視野が広かった」と評している。その視野は、実業だけでなく政治、外交軍事と多岐にわたっており、これらの三人よりある意味で、より優れていたと言っている。

⑤「マネジメントの神様」といわれるピーター・F・ドラッカーは一九七四年に刊行された著書『マネジメント』で次のように述べている。「率直にいって私は経営の『社会的責任』について論じた歴史的人物の中で、かの偉大な明治を築いた偉大な人物の一人である渋沢の右に出るものを知らない」。経営の本質は「責任」にほかならないと断言し、渋沢の思想を高く評価している。

2　批判的評価

①波多野承五郎は、渋沢在世時の一九二七年、「実業界の聖者渋沢栄一」という人

物評を『実業之日本』七月号において、次の主旨の内容を掲載している。「渋沢は理想家ではない。実際家である。しかも時世の進む方向を見定め、その先頭に立っていくことを怠らない人だ。論語は平凡な修身書である。論語を愛読している渋沢は平凡な実際家である。渋沢が実業界の聖者であるとまでいわれるのは理想を夢見る人ではないからである」

②講釈師であり政治家でもある伊藤痴遊は、渋沢危篤の新聞報道を見ながら渋沢のことを世間からの信頼があったことは認めているが、今日的言い方をすれば「いいとこ取りの人」であったとして、渋沢とは一定の距離を置いた人である。また、伊藤の談話の中で三浦将軍が渋沢のことを「功成レバ、即チ之ヲ己レニ収メ、若シ敗ルレバ、即チ罪ヲ他ニ帰ス云々」と記していたことを覚えており、このことを肯定、全体的に渋沢のことを批判している。

③明治大正期のジャーナリスト山路愛山は、一九一〇年に雑誌『太陽』(八月号)の中で安田財閥の安田善次郎と比べて渋沢を論じている。渋沢より安田の方が富を多く残した。個人主義的色彩の強くなった経済界において渋沢は時代に相応し

ていなかった、私利より公益を優先させる渋沢は財界の視点から見れば時代遅れであったと言っている。また、一九〇七年に大倉商業学校の卒業式で渋沢が日露戦争後の国家を支えているのは政治ではなく商工業であると大変「鼻息の荒い勢いで挨拶したこと」に触れ、日頃温厚の君子（渋沢）らしからぬ論評であるとチクリと物言いをしている。

④伝記作家小島直記は、経済学者土屋喬雄が渋沢のことを最高指導者と称したことに関して、その高い評価に疑問を投げかけている。これは経済人としての批判より人物としての批判と思える。つまり、もともと渋沢は徳川幕府の封建制度に反抗して経済人になった人であり、封建社会の徳川時代をそのまま継続している「殿様」という呼び名を女中や書生、そして父親までもそのように言っていることに対して、本来なら渋沢の今日までの生き方からすれば渋沢本人がそれをたしなめるべきではないのか、それができない渋沢は最高指導者ということはできないと繰り返し言っている。

⑤実業家浅野総一郎は、渋沢の援助で浅野セメントを設立した。二人は親交が深

かった。浅野は渋沢を人格者として尊敬する一方、それがためにマイナス面にも気付いている。浅野は渋沢の承諾や協力を得られなかったために儲けそこなった。大変悔しい思いをしたと言っている。いわゆる釜石鉱山払い下げ問題である。浅野は廃鉱となった鉱山を調査し、まだ鉱脈は残っていると渋沢に訴えたが却下された。その後別の実業家が買い取り大儲けをした。浅野は経済人、企業家、商人の立場からみたときに、あまりに欲のなさすぎる渋沢に対し、有難くもあり残念でもあると語り、永いこと悔しがった。

渋沢の経済人としての活動や実績、そして近代資本主義の理論的根拠を世に安定せしめた功績と、とかく私利私欲になりがちな経営者に対して論語的道徳をもって正道を歩むことが重要であるという商人道を説き、社会、公共事業も数多く手掛けた実績に対し、評価も分かれがちである。しかし、筆者は、株主という企業の所有者から経営を委託され、健全経営を行う義務を負っている経営者が、私欲のために企業を危うくする事件が散見される今日、渋沢の訴え続けた道徳経済合一説は真実の経営道であると多くの企業家は肯定せざるを得ないだろうと考えている。その中で重要な役割を果たしているのは「経営者の理念思想」であるということができる。企業の組織としての社会的責任の存在は認めるが、良くも悪くも常勤経営者にゆだねられているのが現状の会社経営である。その意味で監事・監査役のチェック機能等、抑制体制の強化が求められている。

一方、合理性、効率性、実利主義、現実主義を貫くことが実業家であるという視点からみると、渋沢は理想主義者、ユートピアンであるとの批判も受ける。たとえば、労資問題で労資協調の重要性を説くが、その根本は温情主義でお互いに歩み寄れば解決できると考えた渋沢に、真の労働者と資本家の立場の違い、得る利益の違いが理解できなかったことは、渋沢を論じるときに重要である（後日この考えについて渋沢は訂正している）。身分制度の中で卑しめられた商人の出身で、その身分から這い上がりたい一心で武士となった渋沢が、なぜ武士に対する思いを忘れてしまったのか推測することはできない。武士と町人が温情で理解し合うのは難しいこと、また、実業界の元老に登りつめたが、いつのまにか渋沢が経営している企業の株は値が上がるという風評がつくられ、株屋の金儲けの象徴にまつり上げられる晩年の渋沢は、それを抑止することをしなかったことが批判の対象に挙げられている。

しかし筆者は、渋沢の一生を垣間見たときに、官尊民卑打破、合本主義を貫き通し、論語では解決できなかったが労資問題には他の企業家より大きな理解を示し、企業家のあるべき理想を追求した姿勢は大いに評価できるものと考える。

「企業は人なり」という。企業の社会的責任の実践は企業組織の在り方や法律に大きな影響を受けるが、実際に経営を委託されている常勤経営者の理念や思想に負うところが大であることをよく理解しなければならない。「常勤」ということが重要なのである。それが、「企業は人なり」ということだ。

白洲正子は『心に残る人々』の中で、渋沢のことを物事の両面を同時に見ることができる稀有な人物であるとして渋沢の「融通性」と「柔軟性」を大いに評価している。

第五章

渋沢と企業の社会的責任論

澁澤倉庫株式会社 深川倉庫本店（渋沢史料館所蔵）

第一節　社会的企業の考え方

渋沢の『論語と算盤』を取り上げることは、今日の道徳経済や企業倫理が混乱しているという認識の下では大変有意義である。そして現代企業家の社会的責任や貢献を考える時に、渋沢の生涯を回顧することは有効であると考える。企業の社会貢献や社会的責任を追求する時、現代社会の諸問題が立ちはだかったとしても、それを解決するヒントが得られると思うからである。

ここまで、渋沢の考えた企業のあるべき社会的責任、社会貢献について論じてきたが、ここであらためて社会的企業とは一体どういうものなのかを検討してみたい。そもそも企業は営利企業でなくてはならない。もともと何のために、そして誰のために企業があるのか、それが社会的であるとしたらどのような特徴と考え方により成り立っているのかを考えてみたい。

1　文化と経済としての企業

第四章までは論語と経済を中心にした渋沢栄一の考え方を多方面から観察し、それを社会的企業家として記述してきたが、ここではまず文化と経済のかかわりの中で社会的企業を考えてみることとする。

社会的企業の重要性は、文化と経済の関係に焦点を合わせ、お互いに相互作用する場をいかに創造するかがポイントであるということと、人間の創造的活動の成果として、過去から現在に継承されたある種の授かりもの、例えば企業風土という文化資本が社会的蓄積という循環の中で継承、発展することの普遍性を知ることである。

企業の社会貢献は、企業活動によって生じた利益の余剰を使用するだけではなく、社会へ発信し、社会に向けて企業の役割分担を新しく創造することである。それが企業風土となり、企業文化となる。そのことが物的な資本に対し、文化資本ということができるのではないか。その文化資本の蓄積が地域や社会への貢献、支援として、無形の財産となる。企業にとっては企業が作る製品、商品以外の企業イメージが一つの商品となって創造されることになるのである。そして、継続と蓄積が社会的企業の根源となる。その意味で、企業活動も一つの企業文化の創造的活動であるといえる。

2　営利的側面と非営利的側面

企業活動は、一見すると経済的価値を追求する営利的側面のみで構成されているようにみえるが、その内部に企業文化を創造する非営利的側面も併せ持つことができる。企業は市場のみで生きているという前提は、多様な企業の存在理由と企業倫理の深化によって崩れつつある。企業活動の場が市場と社会という両面を持つ今日的経済からみれば、当然ながら営利的側面と非営利的側面を持たざるを得ない。

社会的企業とは、この非営利的側面を明確に持ち、これを認めつつ、社会に対して非営利的側面をも企業活動の一部として行っている企業であるといえる。従って、社会的事業を行っている企業だけが社会的企業ではない。社会の中で存在し続けることの意味を理解し、企業といえども社会の中の一員であって企業の存在そのものが社会の中で成り立っていると理解することが、ここでは重要である。

3　日本の社会的企業の推移

日本の社会的責任論は、近代特に戦後の経済発展を遂げ世界第二位の経済大国にまで上りつめる過程で、社会に、地域に、住民に多大な損害と被害を強いてきた反省のもとに成り立っているといえる。重厚長大型経済、利益第一主義、ＧＤＰ急成長、そして株主のための企業優先、これらの考え方が主導してきた結果、日本は世界第二位の経済大国となったが、利益追求のあまり、社会の中の企業、地域の中の企業、従業員あっての企業という考え方を置き去りにしてきた。公害問題はその結果として引き起こされた。こうして企業は社会的企業の一面を持たなければ存続できず、社会に受け入れられなければならなくなったのである。これは、企業の哲学的倫理ということができる。企業倫理は我が国では一九九〇年代以降注目されるようになってきた新しい分野であり、社会的企業の活動は企業と社会双方を変革させる活動であると理解されるようになった。

昭和三十年代は、所得倍増、文化生活、一億総中流意識、そして、経済大国を目指した時代で、企業が社会の中で存立していることを忘れた時代であった。

筆者の「社会的企業」とは、単に社会的事業を行っている企業ではなく、社会の一員であること、社会の中で存立していること、社会の中で生かされていることを理解し、大企業と中小企業等（株式会社、協同組合等）様々であるが何らかの方法で社会に還元をし、貢献をしている企業であると考える。渋沢栄一の公益、社会的事業の本質もそのところにあるのではないかと思われる。そのうえに、筆者はそれが継続されることがさらに重要であることを付け加えておきたい。

88才を迎えた渋沢栄一（渋沢史料館所蔵）

昭和２年、飛鳥山邸にて（渋沢史料館所蔵）

第二節　社会的責任の考え方

筆者は本書の「はじめに」で、企業の社会的責任について疑問を呈し、その答えを渋沢栄一研究に求めた。概略を記すと、「経済危機の中、企業の社会的責任はいったいどのようなものであろうか。いかなる環境であろうと、企業は社会の中、人々の中で存立する〝社会人〟であると考える。従って社会に対して大きな責任を有している。利益は企業や株主、出資者だけのものではなく社会全体のものであるという考え方を根本的原則としている。この企業の社会的責任について論じる時に、所有者である株主から委託を受けて経営を専従的に行う経営者の責任はさらに重く、今日では企業の社会的責任は企業の代表者である経営者の社会的責任といっても過言ではない。従って、経営者の経営理念、経営姿勢が重要になる。それを渋沢栄一の「道徳経済合一説」『論語と算盤』の精神を解明することにより結論を導きたい」と述べた。

経営者の社会的責任の観点からは、渋沢栄一によってその回答が一応得られたが、ここからは企業本来の社会的責任論の観点から、あらためて社会的責任について考えてみたい。

1　社会的企業と本質

日本における企業の社会貢献活動は、これを積極的に評価する考え方がある一方、バブル期における一過性のものであるとの消極的評価もある。日本の企業の社会貢献活動・メセナ活動は文化政策面でも大きな位置を占めるようになってきている。最近では、企業は社会事業のパトロンというよりもパートナーであるとする考え方が強くなりつつある。企業の社会貢献は営利の結果の余剰を回すという考え方ではなく、企業の本来の目的である営利事業に、文化資本の蓄積をプラスすることによって、地域の創造性を高め、企業そのものを変革するポテンシャルを持ち、なおかつ、企業そのものの本質を表す活動であることが望ましい。

筆者は、企業（事業体）によって社会貢献活動には大きな特色があり、以下三つに分けられると考える。

①大企業株式会社と協同組合組織機関の組織形態の違い
②経営内容、利益計上と社会貢献の規模の大小・方策・継続性
③経営者の経営姿勢理念と価値観による社会貢献の相違

①について。企業の組織形態は法律によって異なる。しかし、法的根拠は違っていても、適用される社会的責任を有していることに違いはない。株式会社の場合は（ここでは大手企業をいう）得る利益は大きく、大きな規模の社会貢献となる。株式会社は多分に株主と社会を意識しているのである。しかし、貢献を企業活動の一部として考えている反面、経営不振となれば株主の手前貢献及びその量は極端に減少させてしまう。一方、協同組合組織型は、得る利益は適切であり（小さく）、また、一定の小さな地域規模に対する貢献活動を、出資者とそれ以上に地域の評判を意識しながら行っている。経営不振となってもそれまでとは違う方法で貢献は続けることを基本としている。つまり、貢献と利益追求とを区別しており、地域への義務として行ってい

る等の点で違いがある。

②は大企業と中小企業との比較である。貢献の大小、方策が大きく相違するのはやむを得ない。しかし、継続性については、利益を上げた時と赤字となった時の貢献度合いが大きな相違を示すことは看過できない。赤字となれば、大企業は全ての貢献を取りやめることが多い。中小企業はお金に代わるもの、例えば清掃、町おこし、商店街活性化等、地域や住民と一緒に汗を流す活動をするところに大きな相違点がある。

③経営者の姿勢や理念・価値観の相違は社会貢献に大きな影響をもたらす。それは渋沢栄一と他の大実業家との比較等でみてきた。組織が強い大企業、その組織力は経営者や社員が長い年月をかけて創ってきた理念が作り出すものである。一方経営者の独自の手腕によって経営方針も決められ、利益計上さえも左右される中小企業は比較的経営者の理念と思想、価値観が通りやすい。経営者の理念次第で社会貢献活動がなされることが多い。その面で大きな差をもたらすものである。

2　三つの社会的責任論

社会的責任論

①保守的要請論

経営者は利潤の最大化を目指し、所有者である株主に対して責任を負うべきであるという考え方。

②ステークホルダー論

二〇〇〇年十一月十五日に経済協力開発機構（ＯＥＣＤ）と米たばこ大手のフィリップモリスらが共催して行われた企業の社会的責任に関するラウンドテーブルの議論をまとめた報告書の中でいわれたことで、企業の社会的責任は株主だけでなく企業の従業員、消費者、地域社会、政府にまで及ぶものであるという説である。税金を払い法律を守るだけでは不十分であるという考え方。

③今日的要請論

企業の意思決定が、間接的に影響を受ける公衆や社会といった、より広範な人々にも社会的責任を負うという考え方で、企業は社会的期待に対して反応すべきとする考え方。最近はコンプライアンスの厳守、公平、平等、公正等の社会的価値を実現することに積極的な経営を実践していることも入る。

この三つの社会的責任論のうち、①保守的要請論は株式会社の株主に対する責任であり、今日では定着した常識的解釈である。株式会社の法的概念は、一番に所有者である株主に対してより大きな還元、配当を目指していることは現代でも株式会社論からいうと一般的な考え方ではある。しかし前述のように、社会、地域、住民あっての企業であるとの考え方が強い今日では、堂々と前面に出してこの論を世間に問うことで、さらに一歩進める企業努力が必要ではないだろうか。②、③についてはまさに今日的であり、企業の社会的責任の真髄をついている。筆者の疑問に答えた理論である。

第三節　信用金庫は誰のものか

令和三年六月に信用金庫法制定から「七十周年」を迎えた。株式会社とは異なる協同組織金融機関としての本来的使命を果たし、戦後の混乱期、高度経済成長のさなかひたすら中小零企業を支え続け、日本経済発展の一翼を担ってきた。心より祝意を申し上げるとともに、今日までの発展にご尽力された信用金庫関係者の皆様に深甚なる敬意を表する次第である。

協同組織金融機関は非営利組織であり、その本質は、利益第一主義ではないこと、地域またはお客様への分配等、相互扶助を重要視することにある。私は、今回七十周年を迎えるにあたり、信用金庫が一貫して地域経済の繁栄と、中小零細企業の発展、育成に徹してきたこと、そして日本独自の金融組織であることに改めて尊敬と誇りを感じるものである。

現在は新型コロナウイルス感染症により暮らしに多大な影響が及んでいるが、本書では幾多の変遷と困難を乗り越えてきた「信用金庫の使命と社会的責任」について私見を記してみたい。

1 営利の必然性

(1) 信用金庫と営利追求

七十年を経過して少しずつ変化している。営利を目的としない組織が協同組織金融機関の信用金庫であるとされているが、現在、信用金庫の経営者で営利を追求することを軽視している人はいない。営利の必然性は大きく変わった。なぜなら、営利なくして地域や地域経済の発展、中小企業の発展は実現できないからである。現実を優先しながら理想を追求していくことに協同組織論は落ち着いてきたように思われる。

(2) 信用金庫の協同組織理念

信用金庫が持つ協同組織理念は変わることはないだろう。なぜなら、株式会社銀行にはなり得ないからである。それは顧客が地域に根を張った中小零細企業だからである。しかし、規制が少しずつ緩和されている現実的経営論からいうと、信用金庫は株式会社制度へより近づいていくだろう。従来の地域密着度をより深く求め、ある程度の規模を有し商社的発想を取り入れながら地域とより深い相互信頼を築く金融機関を目指し、職員はより「商人意識」を求められることになるだろう。私は理事長に就任してから、このことを念頭に、一貫して「強くてやさしい信用金庫」を目指している。今では当金庫の庫訓であり、キャッチフレーズになっている。

(3)「強くてやさしい信用金庫」について

①「強い」は、決算内容が黒字体質であること。そのことで地域経済の中心的存在となり、同時に社会的責任を果たすことになる。地域の中で、信用・信頼があり、何事も最初に相談される相手になることである。そのためには、理事長は当然であるが、役職員もその信頼と期待に応えられる人材にならなければならない。言うは易いが、少しでもこのことを夢の実現として捉え、職員と言動を共にしているところである。

②「やさしい」は、営利を背景にした社会貢献で、人や社会への奉仕活動である。

藤沢市の遊行寺で開催している薪能。かながわ信用金庫は初回の昭和61年より後援を行い、事務局として運営全体の管理、会計、当日のスタッフ派遣等の支援をしている　(撮影 YOSHI SAWANO)

地域の人々や中小企業の預金を預かり、貸出等で運用して利益を捻出している。当然地元に還元しなければならない。当金庫でもボランティアサークル活動、新型コロナ対策支援寄付金等を行ってきた。これをいかに継続するかが大切である。当金庫は三つの無料イベントの開催を三十年以上続けている。営利をどう使うかで「やさしさ」が生まれる。その「やさしさ」は信頼という形の強さで還ってくる。

③従来の信用金庫を語る時に「強い」という言葉は相互扶助社会の中では似合わない。しかし、今日の金融緩和、デフ

レの中を生き抜いていくには、しっかりした経営内容を示さなければ信用・信頼はされない。反面、温かさと優しさを持ち合わせていないと「強くてやさしい信用金庫」にはなれない。今はその道半ばで、目標に向かって奮闘努力中である。

2　コーポレートガバナンスの考え方

株主のために、利益の最大化を目標としていく考え方と、全ての関係する人々にどのように利益を配分するかのステークホルダーの考え方、それらを制度的にどうするかがコーポレートガバナンスの課題である。経営者はどこに目線を置いて経営をしているか人々や社会からチェックされ、その重要さは増大している。企業統治は常にガラス張りで風通しの良さを求められている。そのために理事長の責任と役割も新しく求められている。

一つ目は、地域金融機関であるために地域、地域経済の発展に積極的に参加しなければならない。地域のリーダーとしての役割も求められている。

二つ目は、地域と同じ目線に立ち、協力者の立場でなければならない。リーダー的役割を求められていると同時に、市民や地域と同じ仲間意識、参加者としての役割も求められている。

三つ目は、自らの信条・信念が平等、公平、公正をもとにしている理事長であること。現在の社会で平等意識や公平意識を持たない地域のリーダーは地域社会で受け入れてもらえない。

信用金庫は誰のためにあるのか。ステークホルダー論はまとめやすい考え方となるが、今日、若者と高齢者、事業承継問題、地方と都会、価値観の相違、所得格差等広範囲に存在し、世の中が複雑化している。しかし、地域、住民、中小企業、社会のために協同する金融機関であり続けることが信用金庫であると断言できる。なぜなら、信用金庫は地域から動かないからである。

3　信用金庫の将来的課題

日本は戦後飛躍的な経済成長を遂げた。資源に乏しい日本は製造、販売、輸出に活路を見出してきた。世界の経済大国になった大きな要因は重厚長大型経済といわれる大企業による製造業や、輸出によって日本経済が支えられてきたことであるのはいうまでもない。

日本の経済構造は大企業が物を作り、海外に輸出し、外貨を稼ぎ利益を上げ、GDPを上げてきた。そして企業も設備投資をし、雇用も順調。消費が増加し、好景気をもたらした。大企業の下に第一次、第二次、第三次下請業者がおり、この下請業者が信用金庫の顧客であった。中小企業も利益を上げ、雇用も促進された。中流家族が多く出現し、豊かさを謳歌した。しかし、今日、企業も家族も形態は大きく変化している。

①人口減少と少子高齢化

人口減少、少子高齢化は確実に経済、景気の低下をもたらしている。人口減少はまさしく消費を落としている。需要と供給のバランスではあるが、買う人が少なければ生産も少なくなり、生産者も減少する。

少子高齢化では小さい子供たちに何か買ってあげようと思うが、その相手となる子供が少ない。GDPは上がらない。全てではないが、高齢者の多くは年金と退職金があり、ローンなしの状況で比較的豊かで資産を持っている。しかし、物を買う力はあるが高齢故に食事量も少なく、退職すれば服もネクタイも新しく買う必要ない。消費よりむしろ将来介護施設に入るためにお金を貯めておかなければならない。そういう人が多く、信用金庫経営に大きな影響をもたらしている。顧客が減少し、窓口来店客数も減少しているのである。そのため早々に店舗の統廃合、事務の効率化、合理化に着手しなければならない。

②中小零細企業の減少と業種の減少

製造業でいえば下請業者として中小零細企業は生きてきた。しかし、大企業の生産拠点は海外へ移行、その他合理化、効率化のために下請業者を必要としない経営を始めたことにより、中小零細企業が不要となった。また、技術の革新、環境問題等で製造品そのものが大きく変化している。従来はその製造過程の中で必要とした部品が不要となり、品目の減少は業種の減少をもたらしている。この影響を受けたのは全て中小零細企業である。この先の経営に不安を抱く経営者は廃業という形で工場を閉めている。その上に事業承継問題である。継ぐ予定の子供も自分の将来を考えて事業承継はしない。信用金庫は資金支援だけではなく、中小零細企業の事業承継相談、起業相談等よろず相談支援の充実が強く求められることになるだろう。

③信用金庫の人材確保と育成

高齢者に強く若者に弱い信用金庫。何十年も前から言われ続けているが、給与振込先に指定されない等相変わらず若者たちの強い支持は得られていない。学生の就職の傾向も公務員や銀行、ＩＴ関係を選択する。若者たちに対する信用金庫の存在意義を深め、利用価値を高める努力が必要である。

私は人材の確保と育成の前に、まずは「信用金庫」を数多くの人々の目に触れさせることが先だと考えている。身近な存在として、テレビ等視覚で訴えることが必要だと思う。その面では数年前からフィギュアスケート場の看板に大きく信用金庫の文字が入り、選手のユニフォームの胸にも信用金庫の文字が入っている。このことは信用金庫を身近にし、ブランド化した良い例だと思っている。まずは信用金庫の文字を知ってもらうこと。知らなければ愛情は持たないし、ましてや就職しようとも思わない。

私自身、就職した時に信用金庫の仕事は知らなかった。しかし、地域の中で可愛がられ、少しばかり出世して係長になって前にいた店に帰ってくると、お客様が我がことのように喜んでくれるこの地域社会が好きになって今日までできた。支店長になり、理事長になった時も昔在籍していたお店のお客様が本当に喜んでくれた。今でも手紙の交換をしている。遠くへ転勤してしまう他業態では経験できないことでもある。こんな社会が信用金庫にはある。

優秀な学生を採用するのも、人材を育てるのも信用金庫業務の課題である。その前に、まずは信用金庫業界のメジャー化、ブランド化にさらなる努力が必要である。そのためにコマーシャル媒体に資金をさらに使っていくことと、信用金庫の良さと銀行との違いを理解してもらうことが重要である。地域の中で存在力を高め、存在意義を明確にし、誰にでも利用される信金業界としての間口をもっと広くすることである。

4　信用金庫の将来は貸出業務とよろず相談承り業務である

産業構造と経済構造、そして生活様式が大きく変化していく中で、信用金庫の存在と経営環境も変化するに違いない。しかし、原点を忘れないことである。地域によって相違は生じるが、地域で預金を預かり、その資金を地域に貸出で還元することが信用金庫の責任である。信用金庫制度は七十周年を迎えたが、地域金融機関であるならば中小企業や地域に対しての金融は今後とも変化することはない。そのことで地域経済を支えていくことも信用金庫の普遍的な使命である。そして社会の変化により相談事が多くなる。それを気軽に受ける「よろず相談」窓口の充実がさらに必要となる。そのことが中小零細企業と地域経済を支えていくことになる。市民が気楽になんでも相談事ができる相談相手になることである。

大きく変化する日常の生活の中で、経済面、その他社会生活全般についての悩みや相談を一番身近なところで聞けるのが信用金庫である。地域や地域経済の発展なくして信用金庫の発展はない。このことは、渋沢栄一の「道徳経済合一説」「公益優先」が信用金庫経営の根本理念と酷似しており、また渋沢栄一が創設した商工会議所は日本の中小企業のための総合経済団体であり、この点においても、中小企業の専門金融機関である信用金庫の使命と合致している。

私は現在かながわ信用金庫の理事長と横須賀商工会議所会頭を務めさせていただいているが、地域、地域経済の発展、中小零細企業の支援という共通した目的や理念に対して、何の違和感もなく矛盾も感じていない。

中小零細企業が日本の経済を支えている限り、信用金庫の役目は終わらない。信用金庫はそのような使命と社会的責任を負っているのである。信用金庫のさらなる発展を、私は確信している。

第四節　筆者の経験から学んだ企業の社会的責任論

筆者は現在、五十五万人の顧客を持ち、預金額約一兆三千億円、貸出額約六千億円、全国で二百五十四ある信用金庫の預金量で三十番目に位置する信用金庫の経営に関与している（二〇二一年三月現在）。地域の顧客から大切な預金を預かり、その中から貸出という方法で運用し、利益を計上し、今期で六十九年連続黒字経営を続けている。毎日の業務の中で様々に発生する問題を解決し、その上、中長期経営戦略を練りつつ、信用金庫の伝統を守り、新しい伝統も創っていかなければならない。大切なことは、地域や社会に対して、還元という方法で社会的責任を明確化し、それを果たしていくことであり、常勤経営者の責任であるとの信念を持ちながら毎日業務に従事している。その経験の中から五つの社会的責任を挙げてみたい。

①営利の必然性、つまり利潤は継続的に計上し、地域や顧客、出資者に堅実に還元すること。

②法律を遵守し、健全な経営がなされ、地域内でリーダー的存在であること。
③地域や住民、社会から受け入れられて社会の中で存在価値があること。
④事業だけでなく社会や地域にボランティア、その他奉仕をもって貢献していること。
⑤企業、役員、従業員、企業風土が社会で好意をもって受け入れられていること。

企業は従業員の労働によって富を生み出している。そして直接的な労働ではないが、資本提供という形で株主が構成員として所有している。所有者が多くなるので専門家にその経営を委託している。

実際に経営に従事するのが常勤経営者である。従って常勤経営者は経営全般に責任を持つことになるのである。その責任とは営利企業である以上黒字を計上し、可能な限り継続していかなければならないということである。その利潤をもって社会貢献も可能となる。そして、その背景には確固とした企業倫理と経営者の高いモラル（倫理観）が必要である。それによって企業の社会的責任の履行が可能となるのである。

しかし、「言うは易し、行うは難し」である。渋沢栄一の経営と倫理・道徳をもってしても、全てを解決することはできない。そのことは私自身十分に認識している。しかし『論語と算盤』を経営の基本的理念として実践していれば、さほど大きな間違い、不祥事を起こす率は低くなるであろう。そして社会に受け入れられ、社会と共に歩む企業（信用金庫）になると確信している。

おわりに――渋沢栄一と日本的資本主義「経営と道徳」

近年、企業に発生する不祥事の、その原因の大半は経営を任される経営者の個人的資質の崩壊によるところが大きい。なぜそうなるのか、筆者はそれを経営者の理念に求める。その理念こそが企業の社会的責任を果たし、企業の創業者の理念、社会観に基づく個人の資質が社会に大きな影響をもたらすことになる。

そこで、封建的色彩がまだ残っていた徳川の末期から、富国強兵、国家繁栄を中心的目標としていた明治初期から中期において、数多くの営利企業を興し、数多くの社会事業を創り、なおかつ今日まで永々と存続しているという点で稀有な特徴を持つ渋沢栄一を研究することで、「企業と社会的責任」という問題を解決できるのではないかと考え、このテーマを取り上げた。「渋沢栄一」は多くの人々が取り組んでいるが、現在、筆者自身も地域金融機関の経営に関与し、利潤と社会還元との関係の中で、地域社会に生かされている。その実感を出発点として、渋沢栄一を通して企業の社会的責任と理念を考察してきた。

渋沢栄一に一貫して流れる商売と道徳の概念の基礎はどこから始まり、最終的に富は個人だけのものではなく国や社会全体のものであるとの見解に至った過程を中心的疑問に据えながら解明した。

後年「財界の大御所」とまでいわれるようになった渋沢の生まれと育った環境が後々渋沢にどう影響をもたらしたのかを明らかにし、特に幼年期から激動の徳川末期に商人から武士に、さらには経済人へと転身していく過程に、日本の近代資本主義の父といわれるまでに至った渋沢の業績と精神を見出し、渋沢の経営姿勢と実業、経済界はこうあるべきだという根本精神の源がどこにあるかを分析した。特に『論語』に学んだ渋沢がたどり着いた「道徳経済合一説」「企業経営観」等、渋沢の特徴的思想を掘り下げた。

渋沢の創業した実業と社会事業の実際例を示し、その理念を述べながら渋沢の企業理念について当時の企業家からみた評価、そして今日の渋沢評価として筆者個人の見解を入れた。

今日の社会的責任論と渋沢の社会的責任に対する考え方を比較してみると、渋沢が実行してきた起業や社会事業から、今日の企業の社会的責任を導くことができる。

世界中でサブプライムローン不況が発生した当時、日本はその影響をあまり受けていないだろうといわれた。その理由はバブル崩壊後で各企業に資本的余裕がなかったこと、日本の企業はサブプライムという〝負の遺産を商品、証券化したよくわからない商品〟に手を出さなかったからだといわれている。筆者は、ここに日本的資本主義が見てとれる。なじみのない欧米の商品で、売る商品の根拠が明確にセールスされていないものには手を出さないのだ。納得した上でなら損害は甘んじて受けるが、「何だかよくわからない商品には手を出さない」という抑止力が働いたのである。

そしてその抑止力こそ渋沢栄一の「経営と道徳・倫理」ではないだろうか。株主や顧客、従業員、地域、社会に対して社会的責任を負っていることを経営者は学んできたのである。

渋沢は大正七年、七十七才の引退の弁で将来の企業や企業家の在り方に警世の言葉を発している。事実その後の我が国の企業、企業人の中にはこの項の冒頭に述べたような社会問題を起こすに至るケースが散見されてきた。それでも、日本経済界は渋沢流「経営と道徳・倫理」を重視し、社会的要請を果たしつつ永年これを伝承してきている。

筆者も協同組織金融機関の経営に関与し、地域経済の一端を支えている身である。常に健全経営を目標とし、「経営と道徳・倫理」「儲けの前に正義あり、儲けの後に還元あり」「社会の中で生かされているという考え方、従って社会への還元は必然」と心掛けてきた。渋沢栄一にめぐり合い、毎日の仕事（業務）と学問（渋沢栄一研究）に相互の共通性を見出すことができた。三十余年の社会経験を積んだ上で、経営の立場に立ってあらためて社会的企業家、資本主義の父である渋沢栄一を専門的に研究できたことは、まさに「活きた学問」をさせていただいたと思い、このうえない喜びを感じているところである。

最後に、渋沢史料館の展示回録の冒頭に出ている、渋沢栄一が一生を懸けて貫いた三つの努力と、また、渋沢の精神を今でも家訓として伝承している澁澤倉庫株式会社に飾られている三つの扁額に示す教え（※印は澁澤倉庫株式会社の掲示ママ収載）を記して、合理的、効率的な経済人資質と、論語による「人はこうあるべきだ論」のロマンチスト、実利主義者、この両方を兼ね備えた不世出の経済人渋沢栄一研究を終了することとする。

＜渋沢栄一が一生をかけて貫いた三つの努力＞

一、株式会社組織により、多くの人々の知恵と資金を集め、道義に則った活発な企業活動を展開して、豊かな社会を実現する

二、国境を越えて、自由で活発な市場経済を実現し、人類全体を豊かにする

三、市場経済の中で、取り残されがちな弱者を支援する社会福祉や、社会の基盤として大切な教育にも力を入れる

＜今日まで続く澁澤倉庫株式会社の渋沢精神＞

一、信為萬事本（信ヲ万事ノ本ト為ス）

二、發既満之来（発シテ既ニ満チレバ之レ来）

※物事は発足して満足したら終りである

三、徳不孤必有隣（徳ハ孤ナラズ必ズ隣有リ）

※徳は孤立しているものではなく、それにより必ずよい影響を及ぼして隣りができ、増幅するものだ

渋沢栄一記念館にて、渋沢栄一の銅像と著者

信用金庫新聞「論壇」より

『信用金庫新聞』は、信用金庫業界の考え方や信用金庫の活動を中心とした最新情報をわかりやすくまとめた業界の機関紙（月2回、毎月1日、15日発行）。平成23年から令和3年まで寄稿した全11回を本書に収載した。

渋沢栄一流学問のすすめ

ピーター・F・ドラッカーはこう言っている。明治の日本には三人の重要な人物がいた。福沢諭吉、渋沢栄一そして岩崎弥太郎である。福沢は「実務家」、渋沢は「倫理家」、岩崎は「起業家」だった。だが、同じ目標と未来像を描き、勇気と先見性と手腕をもって近代国家、日本を創ったのである。望月設氏の『ドラッカーと福沢諭吉』(祥伝社)の裏表紙に以上のように記されている。

三人については、今日まで多数の学者・知識人が教育、経済、経営分野で多くの著書を残している。渋沢栄一と岩崎弥太郎の経営理念、実践に対する論争は多く紹介されている。また、福沢諭吉といえば『学問のすすめ』が有名である。「官より民」「独立自尊」「物事は部分ではなく全体で捉えるべきである」として、その思想は慶應義塾大学によって結実した。一方、渋沢栄一は数多くの営利企業と社会事業に関与した。日本の近代資本主義の父ともいわれ、特に『論語と算盤』は有名である。

しかし、本稿では違う角度からの渋沢栄一を述べてみたい。あえて言うならば、渋沢栄一流学問のすすめである。

渋沢流学問のすすめは、福沢諭吉の学問のすすめとは、目的は同一だが方法を異にしている。それは、誰に学問が必要であるかを明確にしていること、どの部分を重点的に教育する必要があるかということの二点である。結論を先記すると、商人に対して実学を教育する必要があるということである。明治期、東京大学には今でいう商学部がなかった。渋沢栄一は、その必要性を強く説いたが認められなかった。最終的には商学部を重視した大学、後の一橋大学を創立させたのである。

渋沢栄一の学問のすすめの特徴を大きく分けると三つ挙げられる。

①学問の必要性を徳川幕府の崩壊と結びつけている。

②士農工商の身分制度への反発と官尊民卑打破が考えの根底にある。

③日本の将来の発展のために商業教育を独立専門科目として重要視した。

徳川幕府の崩壊は、武士のみが学問をすることができる身分的優位を持ち、その教育は武士道に通ずる古典的概念の繰り返しであった。そして、徳川時代の商人における学問の低さが、国家衰退のもとであり、世界観から見た日本国の将来を考えると、商業、実業教育の充実が必要であると考えたのである。

当時の商人の学問は『商売往来《しょうばいおうらい》』と『塵却記《じんこうき》』を読めばたくさんだとされていた。『商売往来』は習字の手本として編集されたテキストだが、商売用語が含まれた商人の基礎知識を奨めた書物である。一方『塵却記』は算術の基礎を教えるための定番であったが、総体的には唐様の字を書いてはならぬなど、発展的な教学内容は含まれておらず、新しいものを生み出していく学問的書物とは無縁であった。渋沢栄一は、特に商工業の専門教育に力を入れ「士農工商」の身分制度から脱し、学問の奨励をもって近代日本経済社会を創生しようとした。高度な技術と総合力を求められている今日、それぞれの分野で専門的知識、技術が高められて初めて全体が成立する時代である。

徳川時代の終焉を迎え、明治時代の夜明けを生き、アジアの中で最も早く西洋文明をとり入れ、経済大国へとひた走った日本。専門分野と専門家のレベル向上が重要であることを、渋沢栄一流学問のすすめから学ぶことができる。中小企業の専門金融機関である信用金庫は、大いなる専門職であることを忘れてはならない。

（松伯）

（平成二十三年九月一日号）

松伯塾のセミナー風景

【松伯塾とは】

ライフワークとして続けてきた渋沢栄一研究の成果を地元横須賀の皆様に少しでもお伝えすることを目的に、筆者が講師となり、横須賀にお住まいの方や事業者の方を対象に渋沢栄一をメインテーマにしたセミナー（全四回）を二〇一八年より開催。セミナーでは、地域に密着した信用金庫経営の中で培われた経営者の目線で、渋沢栄一の『論語と算盤』を読み解き、経営のあるべき姿について考察を行う。

【松伯に込めた思い】

ペンネーム「松伯」は、論語に出てくる「松柏」という言葉からきている。「松柏」は、厳寒でも緑を保つ常緑樹の松と柏を組み合わせた言葉で、転じて「節操が固く困難があっても屈しないこと」を意味し、同時に平松の「松」ともかけている。また、人とのつながりを大事にしたい、という筆者の強い思いから、柏の字を人偏の「伯」に変えている。

近代日本創成期の経済人から学ぶ
～渋沢栄一の『論語と算盤』から～

私が渋沢栄一に興味を持ったのは、専務理事時代にアメリカのS&L（住宅専門会社）が立て続けに倒産し、その原因が経営者の経営術の劣化という単純なものでなく、経営者の公私混同に端を発した倒産であることを垣間見たときでした。そして、頑固なまでに伝統を守りつつも柔軟性のある「多面的思考」と、視点が常に世の中と同じ「平等思考」といった経営理念をしっかり持つことが大事ということに気づき、行き着いたところが渋沢栄一でした。その根本理念である『論語と算盤』の研究を始め、今日に至っているところです。

人間には本能的に欲望があり、これがないという人はいないと思います。食欲ならば満腹になればそこで終わりますが、お金や名声は抑止力が働かなくなるようです。そのことが企業でいろいろな問題を起こす原因になっています。極論ですが、経営者の一番陥りやすいことです。そのために非常勤監事、監査法人等経営陣を監視するガバナンス体制を整えていますが、一方で健全な企業経営、失敗の確率の低い企業経営を行うために渋沢栄一の理念を学ぶことが大事だと思っています。

『貞観政要《じょうがんせいよう》』（注1）という中国の本の中で、唐の時代の二代目皇帝が中国を制覇したとき、腹心の部下に「創業が難《かた》しか守成が難しか」と訊くところがあります。初代に仕えた部下は「創業時に大変苦労した。私たちが創業した上にのっているではないか」といい、二代目に仕えた部下は「あなたたちのつくったものは古い。これから新しい政策をつくっていくのにこんなに苦労している。だから、守っていく方が大変である」といいます。私もどちらが難しいか渋沢さんに会って訊いてみたいところですが、おそらく「守成が難しい」というのではないかと思います。「渋沢」という名前をつけない企業や社会事業が今日脈々と生きているのは、揺るぎない渋沢理念が存在していることと、その後の人々の守成があったからだと思っています。

渋沢栄一を語るとき「企業経営は常に儲けの後に分配あり」、つまり営利を否定していないがそこには正義がないといけない、そして儲けた後は分配することが大切であるとした考えこそポイントだと思います。企業と経営者は社会の中で生き、そして生かされています。したがって、経営者にとって最も必要な資質は渋沢さんも言っている「謙虚さ」であると思います。つまり、自分への抑止力です。また、営利優先の前に徳、信、義等の品位（人格）を学ぶ素養と努力がなくてはならない。正に『論語と算盤』なのです。孔子も〝邦道あって貧しく且つ賤しきは恥なり。邦道なくして富貴は恥なり〟とし、貧乏を奨励しているのではなく、要はあまりこれを重んじ過ぎるのも、軽んじ過ぎるのも良くないといっています。つまり、所有者の人格如何によってお金など資産というものは善とも悪ともなるということであり、そのバランス感覚が必要だということです。

私なりの分析ではありますが、渋沢栄一の経営学を重視していれば抑止力が働き、「経営」を失敗しない確率が高いと思っています。正に「道徳経済合一説」の実践です。私自身も株式会社とは違う協同組織金融機関の経営者のひとりとして、多くの職員のためにも、地域のお客さまのためにもこの教えをしっかり守りながら、〝信用金庫業界に遠い昔の起業家渋沢栄一を研究している人がいることに感謝したい〟とおっしゃっていただいた渋沢栄一の曾孫である渋沢雅英氏の言葉を胸に、これからも信用金庫経営に精進していきたいと考えています。

（松伯）

（平成二十四年九月一日号）

（注1）**『貞観政要』（じょうがんせいよう）**　中国史上、最も安定した治世の一つを築いたといわれる、唐の第二代皇帝・李世民と重臣たちとの間で交わされた問答をもとに編纂された李世民の言行録。卓越したリーダー論、組織論の書といわれ、明治天皇や徳川家康がここから帝王学を学んだともいわれる名著。

渋沢栄一の『論語と算盤』から学ぶ

〜智・情・意によるバランス経営〜

『論語』は儒教の教えをまとめたものであるが、儒教は宗教ではなく、むしろ倫理学ということができます。儒教は孔子を始祖とする思考、行動の体系であり、学問的側面から儒学、思想的側面からは名教・礼教といわれ、大成者の孔子から孔教とも呼ばれています。

儒教では五常（仁、義、礼、智、信）という徳性を拡充することを中心に据えています。人を思いやる仁を最高の徳目とし、義とは私欲に囚われずなすべきことをすること、礼とは仁を具体的な行動として表したもので、人間の上下関係を守ること、智とは学問に励むこと、信とは約束を守り、誠実であることとされています。

『論語』は、『孟子』『大学』『中庸』とならぶ中国の四書の一つですが、『中庸』が哲学的で高い視点から見た学問であるのに対し、『論語』は孔子の言行録を弟子たちが書物にしたもので、実際の生活に触れた教訓であり、堅苦しくなく常識で判断でき、読んだ後、すぐに実行できる基本の道理を説いています。

渋沢栄一は、『論語』を宗教ではなく日常の中の常識として、人は本来こうあるべきだとする人間的行動規範として解釈し、どう判断してよいか悩むときには『論語』の物差しに照らせば間違いないといっています。また、経営者になると権限が強くなるとともに独善的になりがちであり、そのような時に『論語と算盤』が一種の抑止力となって、大きな間違いを起こさず健全な経営ができる確率が高いとまでいい切っています。

私は、前記した五常（仁、義、礼、智、信）を踏まえ、夏目漱石の『草枕』の冒頭に出てくる「智に働けば角が立つ。情に棹させば流される。意地を通せば窮屈だ。兎角に人の世は住みにくい」を智、情、意と解し、私流の『論語と算盤』として、このバランス感覚を最も重要な経営の基本としています。

知識（智）ばかりでは、仁、義、礼を失い、お客様や職員の信頼を得られません。情は大切ですが、出すぎるとただのお人好しな経営者、無能な経営者に成り下がってしまいます。意は経営者として理念を厳守し、ぶれない経営を行う上で大切ですが、時に独り合点し、世間を狭くして孤立化を招くことがあります。

つまり、経営者は常に高度な所でのバランス感覚が必要であり、地域金融機関の経営者として、地域の皆さんから信頼され、大事な預金をお預かりし、その預金を原資として貸出をし、そこから得る利益で商いをしていることを胆に銘じなければなりません。従って地域の中では生かされているという考え方、皆さんのお蔭という考え方で謙虚な経営姿勢が大切であるということです。

一九八九年に東西ベルリンの壁が崩壊したことをきっかけに「ヒト、モノ、カネ」が壁を乗り越え、世界の隅々まで行き来するようになりました。その時からグローバル化が始まり、厳しい競争時代に突入しました。

この現実を受け入れ、将来に向かって生き抜いていく経営をしなければなりません。それには、地域金融機関としてのさらなる充実と、より発展的、創造的な考えが必要です。

しかしながら、変えてはいけないこともあります。信用金庫経営はお客様と職員という「人」が基本であって、地域との信頼関係がさらに重要であることは、明確な将明確な将来像として見えています。なぜなら「お金」が商売をしているわけではなく「人」が、とりわけ「信頼」が商売をしているからです。

（松伯）

（平成二十五年九月一日号）

「お金のやりくり」と『論語と算盤』

「経済」を中心に世の中が動いて久しい。経済の語源は「經世濟民」（世を経（おさ）め、民を済（すく）うの意味）、略されて今日「経済」と言われている。人間の生活に必要な物資の「需要と供給」が経済の根幹であるが、「資金操り、お金のやりくり」ということも含まれていると思える。金銭のやりくりとは、お金をどのように集め、分配し、留め置く（利益）か、わかりやすく言えば、どのように儲け、どのように使うかということである。

お金に関して『論語と算盤』で有名な渋沢栄一は、論語から「邦道あって貧しく且つ賤しきは恥なり。邦道なくして富貴は恥なり」を取り上げ、儲けを重んじすぎるのも軽んじすぎるのも良くない、つまり、お金は所有者の人格如何によって善とも悪ともなるが故に経営者としての理念が重要であり、お金に対する偏重思考を持たないことが肝要である、と力説している。

企業経営者として最も大切な基本理念である。

一方、企業特に株式会社の考え方はどうであろうか。株主、社員、企業の発展と存続そのもののために利益を上げなくてはならない。企業経営について渋沢栄一は、一九二五年『論語講義』の中で「一会社の経営も一学校の管理も一家の維持もみな政事なり。道徳に基礎をおかずして施設せば必ず世の信用を失い、たちまち行き詰まりを生ずべし」と言っており、会社企業の進歩は順調になされることが至極当然であり、営利を追求することも社会的責任の一つであるが、そこには道徳と経済が合一でなければ富は継続しないと説いている。儲けることを否定しているのではなく、その方法と理念が大切であると言っているのである。

このような倫理・道徳を説く渋沢栄一にも、経営者としての厳しい一面を見せた闘いがあった。日清戦争を勝利で終えた日本の景気は鰻登りとなる。特に海運業は大きく業績を伸ばしたが、その実態は岩崎弥太郎の三菱汽船会社の独占状態であった。企業の利益、経営理念、天下国家のために渋沢栄一は、一八八二年七月に共同運輸会社を設立、独占は避けるべしとして値下げ競争に挑んだ。両者の海運業における闘いは、日本の経済界にも大きな影響をもたらした。最終的には双方譲らず両者は合併、一八八五年九月に日本郵船が誕生し、大企業主体経営手法の岩崎弥太郎と小企業合体経営手法の渋沢栄一の命運をかけた闘いは終わった。

百三十年を経た今日、日本を取り巻く環境と産業、経済構造は大きく変化している。その環境の変化の一つに少子高齢化、人口減少問題がある。人の少ない、生産労働人口の少ない地域には仕事が生まれないし、資金需要と利回りの低下は避けられない。地域金融機関の看板を絶対外せない信用金庫の今後の経営は厳しさを増すであろう。

それぞれの地域でどう商売をするのか決断を迫られるところであるが、信用金庫は地域限定、地元密着、中小企業の支援と育成が「仕事」であることは変わらない。変えてはいけない。

筆者は七月の初旬、一橋大学如水会の創立百周年記念第八十六期一橋フォーラム21にお招きにあずかり、「『論語と算盤』と現代の経営」と題し講演をさせていただいた。如水会は単に一橋大学のＯＢ会ではなく、渋沢栄一が創立した商人道商学を存続維持していくことを目的としている団体である。その思いを持ちつつ、渋沢栄一像の在る建物の中に入ると凛とした気持ちになるのは不思議である。

「如水会創立百周年記念　第八十六期一橋フォーラム21」講演終了後、会場にて（左から5人目）

前記した課題の中でお客様と地域、職員そして将来の信用金庫のために厳しい経営環境から目を逸らしてはならないと改めて思うのである。

渋沢栄一さん、岩崎弥太郎さんに一度会って教えを乞いたいと思う次第である。

（松伯）

（平成二十六年九月一日号）

渋沢栄一の「合本主義」と「自由思想」を考える
～信用金庫の出資金との類似性～

渋沢栄一は道徳経済の水準を高めることを念願し、商工業の近代化、合理的発展のために「合本主義」を主唱した。合本主義は会社、特に株式会社組織において事業を経営する商工業の近代的発展に必要という見解である。その思想体系は、自由な意思と、制度に束縛されない人々の自由な資本参加による企業の発展を優先するという考え方が基本にある。明治四年六月に渋沢は『立会略則』を著した。主として会社制度の説明を試みたものだが、そこには常に政治に対しての経済の優位性を主張し、その実践方法は制度や旧習慣にとらわれない自由な発想や手段を用いることが必要であるとしている。今日的にいうならば優位性というより政経分離というべきであろう。

合本主義は、渋沢がその後長く旗印として高く掲げたものである。渋沢をわが国財界の最高指導者たらしめたのは、この合本主義に他ならなかったといっても過言ではない。実際、明治初期には大実業家でさえも個人商店経営のほうが優れているとして渋沢の合本主義を批判したが、明治期にはほとんどの大企業は合本主義を基とする株式会社になっている。

渋沢がヨーロッパ滞在中の見聞に基づき会得した合本主義は、新知識としてこれを日本全国に向けて奨励する前に、まず駿府藩でそれを実験した。石高拝借金を基本とし、これに地方の資本を合同させ一つの商会を組織した。売買貸借を取り扱う地方の景気は大きく変化し、自然と各地へ伝わり日本の商業の基礎的発展につながるとして大いに注力した。後の「常平倉」である。

合本主義の根本思想は、官尊民卑打破に基づく自由平等、機会均等そして自由経済思想である。また、注目すべきは、渋沢が会社を起業者（企業者）一人で儲ける富ではなく「全般に富む」ための手段として位置づけているところである。渋沢は、資本を調達するため少額共同出資方式とし、利益を共有することによって多数の者を同時に富ませるものと考えていた。つまり、富は個人のものではなく国民全体のものであるという考え方だ。この時代の株主は、まだ国民の一部の富裕層であり特権階級だけであったが、渋沢の合本主義はより多くの人々に対し、国の発展を願う心や、その会社を何とか成長させたいという思いをもとに少額でも出資を行うことを奨励したのである。その結果、従来の一部の階級から民衆へとその枠を広げる大きな変革を成し遂げたのである。

巨額な出資ではなく少額を共同出資し、そして利益を分かち合う分配思想は、今日の信用金庫の出資金制度、協同組織制度と類似している。一方で、高配当利益を得るための資本参加である今日的資本主義と、少額ではあるが日本経済の発展や愛社精神を基本とする合本主義とは、似て非なるものである。

渋沢の合本主義は、出資する人がその会社が健全に発展し日本経済に対する役割を果たすことを望み、その一端を自分も担うという「気持ち」が基本的支柱となっている。地域の中で生かされ、会員と共に生きている信用金庫の「出資金」にも、正に会員の信用金庫への「思い」が入っているものと再認識すべきである。

今日の信用金庫の出資金制度は小口出資を原則とし、また小口者も大口者もその権利権限に変わりはない「みんなの信用金庫」という考えである。このことは渋沢の合本主義と大いに類似していると筆者は考えており、あらためて信用金庫の存在の重要性を痛感する次第である。

（松伯）

（平成二十七年九月一日号）

渋沢栄一の『論語と算盤』から学んだこと

～経営の本質は経営者自らの中にある～

論語に「子路《しろ》日《いわ》く、民人あり、社稷《しゃしょく》あり。何ぞ必ずしも書を読みて、然《しか》る後に学と為《な》さん」とある。これは孔子の門人の子路の言葉である。机上の勉強のみが世の中の全てであると思うことは愚かなことであり、大切な事は不断の実践努力であると言っているのである。これに対し孔子は「是《こ》の故に夫《か》の佞者《ねいしゃ》を悪《にく》む」と答えた。その主旨は「口ばかりで実際が伴わないのは何ら意味がない」ということである。

渋沢栄一は何と言っているのであろうか。一九二三年六月に「道徳経済合一説」と題する講話をレコードに吹き込んだ中で「会社を経営するには、完全にして堅固なる道理によらねばならぬ、すでに道理によるとすれば、その標準を何に帰するか、孔子の遺訓を奉じて論語にするよりほかはない。ゆえに不肖ながら私は論語をもって事業の経営をしてみよう。従来論語を講ずる学者が仁義道徳と生産殖利とを別物にしたのは誤りである。必ず一緒になし得られるものである」と言っている。

いまさらではあるが、論語は宗教ではない。生前の孔子の言動を弟子たちが記述し、編纂したもので、日常の問題を実践の中から解決していくことを良しとしている人生訓である。

渋沢の少年時代から経済人として一貫して流れる根本思想は、利益を得るには一定のルールがあり、そのルールは精神であり、その精神のよりどころを論語に置いているのである。筆者なりにこれを言い表すと「儲けの前に正義あり」ということになる。

渋沢がこの「道徳経済合一説」や『論語と算盤』を強くたたえたのは今から百年程前のことである。しかし、平成に入って二十八年経った今日においても経済と道徳、利益と倫理、企業の社会的責任ということについて、新聞や社会をにぎわすことがたびたび発生していることに接すると、渋沢の言う道徳経済合一説は大変重く、軽々になし得ることではないと改めて気付かされる。同時に、富を得た社会や経済人、企業が陥りやすい、奥深いテーマであるということがわかる。これは、渋沢の一見相反する経済と道徳について、今日まで研究されても確実な答えが立証されないゆえんであるということができる。いい換えれば幾多の経済人が今日まで日本の経済史に現れたが、道徳と経済を合一させ得たといわせしめる企業人が出なかったほど、道徳と経済の合一の実践は難しいことなのである。前記のとおり、道徳と経済、倫理と利益は経営者にとって並列することは難しいことであるが、これを経営と称するならば、筆者の結論はまさに「経営の本質は経営者自らの中にある」といわざるを得ない。

特に地域の方々の大切な財産をお預かりし、運用させていただいて利益を捻出し、お客様や会員に還元し、何よりも役員の報酬・職員の給与を頂いているという信用金庫の経営の根幹をなしているのは、経営者の理念の良し悪《あ》し以外のなにものでもない。

信用金庫の経営者（理事長）の経営姿勢・経営理念は極端な利益追求または拡大膨張主義であってはならない。しかし、地城に十分な還元をなし、五年、十年先の信用金庫の健全な存在をもたらすための一定の利益は計上しなければならない。

信用金庫を取り巻く経営環境は大変厳しく将来の予測は困難であるが、その経営の本質は理事長自らの中に在ることを『論語と算盤』から学ぶことができる。（松伯）

（平成二十八年九月一日号）

渋沢栄一の『論語と算盤』と信用金庫経営

～環境の変化に柔軟に対応～

「私たちは、信用金庫の公共性と責任を十分に自覚して、地域社会のために奉仕し、その期待と信頼に応えます。

環境の変化に柔軟に対応しつつ、効率的で健全な経営を実践します。

お客様の満足と繁栄、信用金庫の基盤発展、職員の生活の豊かさを実現するため、たゆまず努力を傾け、誇りと自信を持って行動します。」

これは当信用金庫の基本理念である。手前味噌となるが、なかなか良くできた基本理念で、創立時の先輩たちが頭をひねりながら苦労して創作したのだろうと推測する。

この中には、将来の信用金庫の持続的ビジネスモデルが網羅されている。地域金融機関である信用金庫の基本的な理念を掲げつつ、併せて、社会、時代、経済が大きく変化していく中で将来の展望とその戦略はいつも革新的でなくてはならないと言っている。すなわち「環境の変化に柔軟に対応する経営」「効率的で健全な経営」「お客様の満足と繁栄、職員の豊かさの実現」は今日的であり、将来の信用金庫の生き残りのための理念と風土が十分に内包されていると自負している。

ここで表現されている内容は、信用金庫の日常そのものである。そして、いつか必ず来るであろう困難に対して、現実を受け入れつつも基本的理念は変えてはいけないという教訓である。人口減少、少子高齢化、マイナス金利、収益力低下等、今日の信用金庫の厳しい経営環境をそのまま言い当てており、克服するための助言がなされている。

この文章から孔子の『論語』の日常性と柔軟性を想像できる。『論語』は孔子の死後、弟子たちが記録・編纂した生前の孔子と弟子たちとの日常的な会話の集大成で、理想的ではあるが現実的でもあり、一種の非体系的な生き方がうかがえる。

その論語を経営の規範としていたのが渋沢栄一であり、その思いを語った書が『論語と算盤』である。

その中の一つに「世の中に逆境は絶対に無いと言い切ることはできない。…それが人為的逆境であるか、ただしは自然的逆境であるかを区別し、しかる後これに応ずるの策を立てねばならぬ。…自然的な逆境に処するに当たっては、まず天命に安んじ、おもむろに来るべき運命を待ちつつ、たゆまず屈せず勉強するがよい」と言っている。今日的にはマイナス金利、人口減少等、現在の我々を取り巻く経済環境といえる。それには、金融を商いとしている者にとってこれは自分が選んだ仕事であると「覚悟」することとである。しかも強い「覚悟」が必要である。それは五年先、十年先の信用金庫を考え、あらゆる方策をとり、万策を尽くすことが今日的経営者の責任ということであろう。

二つには、正義の精神を追求するばかりで営利をおろそかにしてはならない、とも言っている。「利につけば仁に遠ざかり、義によれば利を失う」。つまり、もともと仁と富を全く別物と考えることが甚だ不都合である、と言っているのだ。これは、富ながら仁義を尽くす「義理合一」の世界である。

我々信用金庫は、協同組織金融機関であるが故、営利を追求しない、儲けすぎることは良くない、株式会社とは違うとの基本的考えを持つに至っているが、社会事業、社会貢献を数多く実行してきた渋沢栄一は営利の追求を否定してはいない。逆に社会的責任を果たすには遵法のもとに利益を出さなければならないとしている。明治維新以降ひたすら経済界を走り続け、日本の資本主義の父と言われた青淵翁には、時代が経っても教わることが多い今日である。

（松伯）

（平成二十九年九月一日号）

渋沢栄一の「商業人学問教育」と信用金庫経営

～商人としての信用金庫経営～

昨今の企業モラル及び社員、職員の質的向上の多くは、企業内の自己啓発よりもお客様の「苦情」によってもたらされるケースが多い。当金庫も年一回業務報告書を出資者に送付する際にアンケートを配布しているが、毎年、多種多様な苦情や要望が出されている。主なものは、職員の対応の悪さ、商品説明の稚拙さである。これは当金庫の指導・教育不足、態勢の不備などが原因であり、経営サイドが猛省し、改善策をしっかり取らなければならないと実感している。

しかし、そのような苦情は今に始まったことではない。私はかねてより、信用金庫といえどもお客様相手の商売である以上「商人」としての意識や言動を心掛けるべきと役職員に言い続けている。

渋沢栄一は、江戸幕府の崩壊の原因は、武士の偏った学問とともに商人が体系的な学問を持たなかったためであると言い切っている。江戸時代の商人が学んだのは『塵却記』や『商売往来』といった算盤や商売用語の反復演習であって、いわゆる、商人の学問、今の商学ではなかった。従って商人のための学問が必要であることを強く説いたのである。

渋沢栄一は、理論を背景に実践する商人の商学教育が必要とし、東京大学に商学部創設を要望した。しかしそれが叶わず東京商科大学、後の一橋大学設立に注力したことは知られているところである。

商人のための学校は何も大学だけではない。渋沢栄一は商業学校の設立にも大いに関与した。その目的は現場で商業に携わる役職員の人格向上、品位の向上、商業知識の修得など、実務の専門家養成だったのではないだろうか。大学卒業者は上級職員となるが、全て上級者では企業は動かない。実際にお客様に接し、現場を動かしていく中級から下の職員が必要であり、そのための教育に商業学校が必要と感じたのであろう。前記の、お客様の「苦情」の多さが今日まで存在していることを思うと、実務の専門家養成に着目した渋沢栄一の将来予測には頭が下がる思いである。

当金庫では、長い間、横須賀、横浜の三つの高等学校から三人の高校生を毎年採用している。その学校の一つがY校、正式には横浜市立横浜商業高等学校である。この横浜商業も渋沢栄一が関与した学校である。

横浜商業は一八八一年に設立され、前年に設立された大阪高等商業学校に次いで公立として二番目に古い商業学校である。横浜の商人の子弟が、商人として身に付けなければならない学問と、商業人としての技術を学ぶことを学校設立の主旨としている。一九一一年三月、渋沢栄一は横浜商業に来校し演説を行い、「学問」と「健全な実践」を並立することが大切であるとの言葉を残しているが、当金庫に入庫した卒業生はその精神のもと立派に職務を果たしてくれている。

私は、信用金庫としての理念（精神）とともに技術（知識・対応力）、そして堅実な業績（経営力）を日頃より自らの職責と考えている。

そのため、「お客様第一」「地域の発展なくして信用金庫の発展はない」と考え、地域、地方公共団体、商工会議所などと常に連携を深めることを、商人としても実践している。その一つとして今年「よろず相談承り処」をオープンした。

渋沢栄一から学ぶことは、信用金庫は「金融」だけでなく「商人」「商業人」であれということである。預金を預かり（仕入）、それを販売（貸出、運用）して利益を得る商売であればこそ、感謝し、お客様への対応で苦情があってはならない。青淵翁に来庫を願い、叱咤激励を受けたいものである。（松伯）

（平成三十年九月一日号）

渋沢栄一と同時代の実業家たち

～岩崎弥太郎、大倉喜八郎、安田善次郎～

渋沢の思想体系は、道義を第一義とするもので営利と富の蓄積を認めつつ、それは道義に合致するものでなくてはならぬとした「道徳経済合一説」を取る。これらを表現したのが『論語と算盤』であり、実業と道徳を常に一体とした経営を求めた渋沢栄一のような稀有な存在はほかに見当たらない。

しかし、渋沢とは違った根本思想を持ちながら今日の経済、資本主義に大きな足跡を残した実業家もいる。その人たちの経営理念を記してみたい。

まずは岩崎弥太郎である。岩崎は渋沢と違い、大変厳しい土佐の身分制度の中で「地下浪人」と呼ばれる極貧層から出生した。五十二年の人生は太く短く、なりふり構わず「商売」に励んだ一生であったといえる。「会社と称し、会社の形はとっているが、三菱は会社ではない。岩崎個人の実業だ」と言い切る程、利益、商売に徹した。

武士の世界では世に出られない。だからこそ、実業家として自らの夢を実現し、国の発展を祈った人生であった。

二人目は大倉喜八郎である。新潟県新発田市で裕福な質屋の息子として少年時代を過ごした。両親の死により家が崩壊し江戸に出ることになる。やがて下谷に小さな乾物屋「大倉屋」を開業して骨惜しみなく一生懸命働いた。他の人と一つだけ違うことは、新聞をよく読んだことである。世上の動きを敏感に捉え、将来の経済変化を読み取った大倉は、すぐに乾物屋から鉄砲商に転身した。現金商売に徹し、官軍にも幕府側にも鉄砲を売った。積極的に事業を拡大し、最盛期には三百社に及ぶ大倉財閥を作った。もっぱら産業資本に投資し、九十二才でその波乱に満ちた生涯を閉じた。大倉一人で作った大倉財閥は、終戦とともに解体した。

三人目は安田善次郎である。安田は富山藩の下級武士の子として生まれた。十六才の時に武士を辞め、商人になるため江戸に出た。その後、戸板一枚の商売で、横浜の居留地でスルメに投資をして成功した。この資金が安田財閥を築く端緒となった。

安田は、両替一筋で朝早く起き、夜は遅くまで小商いを続けた。やがて商人として大躍進の時がやってくる。当時の日本は金銀の変換比率が外国にとって有利であったことから、幕府は金銀貨の回収を各両替商に命じた。安田は目ざましい回収成績を上げ本両替商として認められた。維新後二年を経て金融業の成功者となった。安田銀行を発展させ、後の芙蓉グループへと発展させ、安田財閥を創立した。

安田の企業家としての特徴は「金融業」一筋であったことである。「銀行実践訓」に従業員服務規定を著すなど、堅実な銀行経営者であった。

渋沢は道義と利殖と社会的責任の並立を求めた実業家、岩崎は利益追求型現実的企業家、大倉は「商人魂」を軸とした時代の寵児、安田は両替商出身の堅実的銀行経営者。

四人には四つの共通点がある。それは「誠実」と「実力」、肩書きや権威ではない「実質」で生きていること、そして類まれなる「実行力」。この「四つの実」を備えていることが、今日まで日本の経済界に大きな足跡を残し、また礎となったと考える。

筆者は、経営環境が大変厳しい信用金庫においてこの「四つの実」を改めて実践していけば、必ずや明るい未来を自力でつかむことができるものと確信している。四人が実践したように、地域に密着し地元住民から支持を受ける信用金庫は、それほど軟弱ではない。

（松伯）

（令和元年九月一日号）

渋沢栄一『論語と算盤』の読み方

～「不遇孔子」と「貴族晏嬰」～

二〇二四年の新一万円札の顔、二〇二一年NHK大河ドラマの主人公に予定されており、渋沢栄一翁がますます注目を浴びている。現代社会において経済だけでなく社会人として学ぶべきことが改めて必要な人物であるということであろう。渋沢栄一の『論語と算盤』は当然ながら孔子を知らなければその真髄をつかむことはできない。孔子が生きていた頃と孔子のその時の境遇を理解しないと「論語」と渋沢栄一の「算盤」を知ることに至らない。

孔子は紀元前五五二年頃に中国の魯の国に生まれた。そして十五才にして学問で世に出る決意をする。不遇であった魯の国から斉の国へ亡命した。斉の景公は孔子を気に入り、重臣にとりたてようとするが、それに反対したのが晏嬰《あんえい》である。孔子と晏嬰、同時代を生きながら、生き方、考え方、世界観、政治手法が全く違う二人である。

晏嬰は中国春秋時代の斉の国の宰相である。晏嬰は父親が斉の国の重臣で子供の頃から将来を嘱望されていた名宰相で、主人である景公にもずけずけと諫言することをやめなかった信念の人である。その特徴は民のことを考え、民のための政治を理想とした国家を目指した政治家である。一方、その頃の孔子は三十六才前後、自らの才能を高く評価し、言葉で相手を論破し、自分を高く売り込むことで高位の役人になることを目指していた。今日の孔子像は人生を達観した心境、論語の孔子像で、若い頃は失敗の連続であった。

景公が斉の重臣として孔子を迎えたいとの話を聞いた晏嬰は、儒者はとかく礼（型）を重んじ、身を飾って自分だけが正しく独善的な者たちで、臣民のための政治を行っている斉の国のためにはならないと反対し、孔子は斉を去ることになる。

二人の後世の評価には相違がある。渋沢栄一は晏嬰には触れていないが、孔子と晏嬰と渋沢栄一、三人には共通点があるように見える。

孔子は「五十にして天命を知る」、今日までたくさんの苦労をしてきたが、日頃の努力が大切であることが五十才になってようやく理解できた、という。晏嬰は「疾不必生」、疾く走っても必ずしも逃げのび生きられるものではない、という。渋沢栄一は「時期を待つ要あり」、時期の到来を気長に待つということも処世の上には必要である、という。

論語の孔子、儒者の嫌いな晏嬰、理想と現実の合一を求めた渋沢栄一。三人に共通することは、結果を早急に求めず、その間の努力、プロセスが大切であるといっていることである。そのことが結果に結び付き、しかも最善な結果にたどり着くことになるといっているように思われる。

新型コロナウイルスの感染拡大はリーマン・ショックを超える経済的損失を招き、そして何よりも多くの命を失い、過去に例のない「経済か命か」という大事な選択を求められる最大の危機をもたらしている。特に今後、新薬やワクチンが早く出ず、回復まで長期間続いた場合の日本経済、中小企業経営、我々信用金庫の経営環境は大変厳しいことが予想される。

そのような時、前述した三人が言っているように、今こそ最大限の努力をし、早々な結果を至上として求めず、地域のお客様、地域の経済、そして職員を新型コロナウイルスから守り抜くのが信用金庫の役割と痛感するところである。
紀元前五百年頃の二人と明治、大正時代の一人が、現代の人に、焦らず目の前のことを一つ一つ解決していくことが生き残る道だと教えてくれているような気がする。

（松伯）

（令和二年九月一日号）

渋沢栄一の「実業重視」人材育成に学ぶ

〜信用金庫の人材確保と育成〜

今年の大河ドラマ「青天を衝け」の主人公であり、新しい一万円札の顔になる渋沢栄一はまさに「時の人」である。渋沢といえば「日本資本主義の父」「道徳経済合一説」「合本主義」等が主題となるが、一方では将来の日本を支えていく若者たち、女性たちの教育、特に実業教育に力を注いだことを忘れてはならない。

渋沢は江戸幕府が倒壊したのは商人に体系的な教育制度がなかったためだと言い切っている。その思いは一貫しており、商業人の人材確保と人材育成には特に心血を注いだ。結果として、現在の一橋大学、日本女子大学、二松學舎大学等多数の学校設立に関与した。中間管理職の育成にも大きな力を発揮した。それが公立、私立の商業学校の設立である。

横浜商業学校、大阪高等商業学校、名古屋商業学校等多数の学校設立に関与した。

私立学校では松本商業学校、大倉商業学校、京華商業学校等が地元経済の発展を目的に設立された。そして多くの卒業生が地元経済界に就職し、地域産業経済の活性化に大きな役割を果たした。

今年創立七十周年を迎えた信用金庫は今でこそ大学卒業生を採用しているが、昭和三十年頃から四十五年頃までは地元の商業高校の卒業生を数多く採用していた。算盤、簿記、暗算が早く実務に強く、地元のことをよく知っているという点で信用金庫の人材として最適だったからだ。当金庫も昭和四十年前後は地元の商業高校卒業生を採用していた。現在も地元の高校生を毎年採用している。当時は、高度経済成長期に入り、信用金庫も発展の一途を辿り、マンパワーが必要な時期であった。地元に住んでいて土地勘がある商業高校卒業生は信用金庫の即戦力として大変貴重な存在であった。その制度と将来性を早くから予測し、「実業教育」を重視し実行していたのが、渋沢栄一である。商業高校の創立を積極的に行った渋沢栄一は結果として信用金庫の発展にも大きな貢献をもたらしたのである。この時期は、全国のほとんどの信用金庫が商業高校の卒業生によって支えられていたのではないだろうか。また高校生も地元の優良就職先として、信用金庫は最適だったのではないだろうか。

現在の信用金庫業界の課題の一つはさらなる人材が必要であるということだ。IT、デジタル化が進む中で、効率化、組織化、システム化を進めていく一方、地元を愛し地域の中に入っていけるそんな能力・総合力のある職員が必要となっている。その上で実績、結果を出せる人材が期待されるところである。

入庫時は皆平等、公平でスタートラインに差はない。数年後に人材（人財）になれるかである。重要なことは育てることである。今後業界を挙げてさらに職員の指導教育体制を充実させていかなければならない。特に預金・貸出、企画、運用等でお客様や社会の要請に十分に応えられる専門職、専門集団を創ることが急務だと思っている。銀行マンではなく、信金マンを創造することである。

信用金庫の将来的役割も大きく変化していくだろうが、人材の確保はやはり「銀行」の名称に負けない「信用金庫」のブランド化以外にはないと思っている。堂々と「信用金庫勤務です」と言うことができるプライドを持つことである。併せて、人材の指導、教育、システム、制度づくりが急務である。

渋沢栄一はこう言っている。「学問すなわち実務、実務すなわち学問である。学校で学ぶ学問は、のちに学ぶ実務の下拵《したごしら》えである」と。

（松伯）

（令和三年九月一日号）

松伯塾のバス旅行で「中の家」を訪れた著者（左から４人目）

講演会記録

公益財団法人渋沢栄一記念財団講演

「信用金庫の使命と社会的責任」

公益財団法人渋沢栄一記念財団から講演の依頼を受け、平成二十四年五月十八日(金曜日)、財団が運営する渋沢史料館にて「渋沢栄一における企業の社会的責任」と題して約一時間三十分にわたり講演を行った。この講演会には『論語と算盤』勉強会のメンバーをはじめ、渋沢栄一記念財団の理事長であり、渋沢栄一の曾孫にあたる渋沢雅英氏や『現代語訳 論語と算盤』の著者である守屋淳氏なども出席された。

最初に「世界史と渋沢栄一」について話してみたいと思います。私は中小企業の皆様のところで経済論の話をしていますが、その時に経済的な側面から見た世界史について話をしています。今日はローマ帝国の崩壊、大航海時代、産業革命という三つの大きな流れと渋沢栄一の考えを比較していきたいと思います。

千五百年も続いたローマ帝国が崩壊した理由は多々ありますが、一つ挙げれば膨張拡大主義に奔《はし》るあまり、人材育成や体制整備が追いつかなかったからであると思っています。それに比べ渋沢栄一は、女性の登用や商人に学問を身につけさせるなど人材育成に力を入れ続けることで仕組みづくりがなされ、今でも多くの企業を存続させています。

また、大航海時代のスペイン、オランダの経済と、付加価値をつけて経済を発展させていった渋沢栄一の考え方の違いは歴然です。今日的にたとえれば、スペインは銀を採掘し切って売るだけで、加工して付加価値をつけて売るということをしませんでした。オランダもチューリップの球根で儲けますが球根を売るだけで、それを鉢に入れて売るなどといった付加価値をつけることをしませんでした。もし鉢に入れて売るという付加価値をつければ、鉢をつくる会社や土を販売する会社ができ、作業する人が必要になり、集合体としての経済が生まれていたはずです。一方、世界から物が集まったイギリスだけは、集まった品物を国内で加工し販売しており、それが後の産業革命を経て近代経済につながっていったのです。

その時々の経済には主流が生まれ、その主流を解いていく人たちがその時の主流の経済学者となります。産業革命によって現れた経済学者アダム・スミスやケインズ、ヒックスの考えは最近の経済学者ハイエクやフリードマンに至ります。ハイエクやフリードマンは私が渋沢栄一を研究する際、対比しやすい経済学者です。

例えばフリードマンは、自由経済において企業の社会的責任は必要ない、手持ちの資金を使って利潤を増加するという営業活動をすることだけが企業であり、社会的責任を追及するならば、自由経済を根本から覆すことであるとはっきりいっています。また、ハイエクは、企業は株主から資本の運用を委託されている受託者であるのだから、株主だけに利益を提供することが経営者の責任であるといっています。当金庫も地域のお客様から約八千億円の預金をお預かりしています。この地域の中で当金庫を信用して預けていただいています。従って、投機に使うなど絶対に許されないことであり、大事なお金は安全に運用していかなければなりません。トップになると全ての権限を持つことになり、何でもできるという錯覚に陥りやすくなります。企業は個人ではなく組織であることを忘れてはいけないのです。渋沢栄一は、実業界を辞めていくときに、警世の言葉として「今日の実業界は、物資は大いに進んだが精神も随伴したかというと疑わざるを得ない」として、最後まで『論語と算盤』の精神を実践していいます。つまり、これから先の日本の経済界を実は心配していたのではないかと思います。

私が「渋沢栄一」（以後〝渋沢さん〟と記載します）という人間に興味を持つところは、一つ目は多面的思考と柔軟性があるところです。このことにより継続性が生まれます。経営者としてこれほど大事なことはありません。頑固で言ったことは頑として曲げないということは、伝統を守っていくという点ではいいかもしれませんが、伝統をしっかり守りつつも弾力性と柔軟性のある思考回路が必要です。二つ目は平等思想です。このことにより発展性が生まれます。小さい頃から論語を勉強しているという知識力もさることながら、ヨーロッパに行った時に軍人と商人が対等に会話している姿から侍と町人を連想し〝平等〟を意識したことです。それが後の「官尊民卑打破」につながっていきます。三つ目は政経分離という考えです。このことにより専門性と独自性が生まれます。政治家大久保利通を間に岩崎弥太郎と渋沢さんとの対応を見るとその違いが克明に出ており、そこに企業理念の違いが歴然としていると感じます。四つ目は、資本主義において格差が起きることを前提としていることです。「格差はしょうがない。貧富の差は当然の成り行き」と述べたうえ、いかにその差を縮める努力をするかだとしています。このことにより、多くの人々が住みよい社会が生まれます。

その他にも女性の地位向上に向けた教育への取り組みや国家的見地から物を考える姿勢、世間を見る視野が広いなど、多くの魅力を持った人だと思います。

しかし、一つだけ経営者として渋沢さんと自分の考えが違うなと思うところがあります。それは「労資関係協調」にあるように、渋沢さんは家族的温情主義をもって労資協調をなしていくとしているところです。経営者と働く人はもともと所得の差があって仕事の役割分担が違うので対立する関係になり得ると考えます。マルクス主義は「労働があるから経営がある」とし、最終的には賃金が払いきれなくて企業と労働者は対立を深めることになります。従って、家族的温情主義で労資をまとめていくことはできないと思うのです。この考えには、後日談があるということで、渋沢さんも家族的温情主義では解決できないと言い直しているようです。今後もっと研究していく必要があるかもしれません。

次に、渋沢栄一流学問のすすめと福沢諭吉の学問のすすめの違いについて話してみたいと思います。いずれも目的は同じでしたが、どの部分に重点的に教育を施したらいいかというところが違っていました。福沢諭吉の学問のすすめは、大学でいうと二年間の教養課程のようなもの、渋沢栄一流学問のすすめは、大学の三年・四年の専門課程の学問のようなものであると考えるとわかりやすいと思います。渋沢さんは、徳川幕府の崩壊が専門教育を受けていない商人の学力の低さと画一的な学問しか受けていなかった武士によるものとしており、この考えは当時の身分制度への反発と「官尊民卑打破」の思想にも関係しています。

当時、商人の学問は、算盤と『商売往来』『塵劫記』の二冊の本だけ勉強すればいいとされていました。しかし、これでは経済の発展につながらないので、専門家とそのレベルの高さを必要とされ、アジアの中で真っ先に西洋文化をとり入れて、渋沢さんは今日の経済大国の基礎を作り上げてきました。日本の発展のために商学部を創立

渋沢栄一記念財団の講演会会場で

したかったが、東京大学に受け入れてもらえなかったことから、自ら商学部重視の一橋大学を創立しています。この行動も専門教育、実学重視の渋沢さんらしい商人道思想だと思います。これが渋沢流学問のすすめであると考えます。私が経営に関与している信用金庫は中小企業専門の金融機関ですが、これからも愚直なまでに専門性を貫き通し、理事長として大いなる専門職であり続けたいと思っています。

次に渋沢栄一の思想とその特色ですが、まず「官尊民卑打破」は自由民主主義であると受け取りました。「仁」は、人によって経済が動いているとの考えから人道主義と考えます。このため、営利を否定せず社会へ還元していくことがお金の使い方として最上であるとしているのでしょう。「道理」を説明するのは難しい。あるべきものが道理であると思いますが、あるべきものが一定しておらず時代によって様々に変わっていきます。日本でいえば戦前、戦中、戦後で価値観が違ってきており、道理まで変わってきています。そうなると道理というのは難しいですが、この時代の渋沢さんの道理は合理主義と考えてもいいのではないかと思っています。

『貞観政要』という中国の本の中で、唐の時代の二代目皇帝が中国を制覇したとき、腹心の部下に「創業が難《かた》しか守成が難しか」と訊くところがあります。初代に仕えた部下は「創業時に大変苦労した。私たちが創業した上にのっているではないか」といいます。ところが、二代目に仕えた部下は「あなたたちのつくったものは古い。これから新しい政策をつくっていくのにこんなに苦労している。だから、守っていく方が大変である」といいます。私もどちらが難しいか渋沢さんに会って訊いてみたいところですが、おそらく「守成が難しい」というのではないかと思います。多くの事業を興し、特に社会事業である病院関係、教育関係など、長く存続させていくために苦労をしてきたはずだからです。

渋沢が関与した企業や社会事業が今日脈々と生きているのは、揺るぎない渋沢理念が存在していることと、その後の人々の守成があったからだと思っています。渋沢さんは「企業経営は常に儲けの後に分配あり」という考えであったと思います。営利を否定していないがそこには正義がないといけない、そして儲けた後は全部懐に入れずに分配することが大切であるとした考えこそ、渋沢さんの思想を語るうえでのポイントだと思います。

そんな「渋沢栄一」をより理解するために、同じ時代を生きた経済人である岩崎弥太郎、大倉喜八郎、安田善次郎との比較をしてみたいと思います。

岩崎弥太郎は武士でも、町人でもなく、農民でもない。どうにも抜けられない貧しい社会に生まれ育ち、負けたくない一心で生きました。必然的に利益追求型になり、商人道ではなく「商人」を歩きました。それは、三菱の社訓にて「三菱は会社の形をとっているが会社ではない。岩崎弥太郎個人の実業団体である」とはっきり言い切っていることからもうかがわれます。大久保利通とかかわり、利権をつなげて海運業を一手に引き受け、営利第一主義を貫き、それが政商といわれ財閥までになっていきます。五十二才で創業者を亡くした三菱が、今でも強い三菱として生き続けていることは素晴らしいことです。死ぬ間際に「創業時の社員を辞めさせることなく守ってくれ」と遺言を残したと聞いた時、渋沢さんのように九十二才まで生きていれば、もしかすると岩崎弥太郎の生き様は全然違うものになっていたかもしれない。社会事業を起こし、社会貢献をしたかもしれないと思います。今日の日本も変わっていたのではないかと思います。

大倉喜八郎は十八才の時、道にひざまずく父親の姿から身分制度、封建制度に強い疑問を抱きます。大倉の特徴は活字をよく読んだということです。回覧板や新聞を読むうちに、乾物を売るより鉄砲や大砲を売る方が商売になると判断、商売を替えていくのです。しかも、現金商い、注文販売を条件に誰とでも商売し、一代限りの商人魂でした。自前の銀行を持たなかったことが他の三人との違いですが、大久保利通にかかわるなど、どちらかというと岩崎弥太郎に似ていたようです。

安田善次郎は、足軽の子として生まれ、大阪の豪商のお金を持参してきた若い手代に対して偉い武士たちが頭を下げる姿を見て、これからはお金を持っていれば強くなれると悟り、武士を捨て町人に変わります。両替商、現在でいえば銀行業を始めます。外国から持ち込まれる安い銀と日本の高い金が交換され流出していく現状を止めるため、政府から両替商を依頼された安田は上手く処理をして信頼を得ることになります。当時、安田商店の刻印があるだけで信用される両替商になりました。七十才で実業を辞めますが、銀行の実践訓というのを残しており、その一つに「丁寧にお客さんに接しなさい。お客さんの身なりで差別してはいけない」とあります。安田商店は安田銀行、富士銀行そして芙蓉グループにつながっていきます。引退した後は、質素倹約、社会奉仕、東大の安田講堂寄付などをして、どちらかというと渋沢さんに似ていると思います。

四人に共通しているのは、若い頃、身分制度・封建制度に疑問を感じたことから新しい仕事、事業への関心が始まっていることです。しかし、岩崎さん、大倉さん、安田さんが自分を何とかしようとしているのに対し、渋沢さんは世の中を何とかしようとしている点が異なっています。しかし、この点では渋沢さんへの批判もあります。

なぜこのような違いが生まれたのか私なりに考えてみると、一つは一橋家の平岡円四郎を通して一橋慶喜と出会ったことです。そして、ヨーロッパ視察で見聞を広め、その後、国政へと参加したことが影響していると思います。政治や経済を広く観察できたということです。

企業と経営者は社会の中で生き、そして生かされています。したがって、経営者にとって最も必要な資質は渋沢さんもいっている「謙虚さ」で、つまり自分への抑止力ということです。また、営利優先の前に徳、信義等の品位（人格）を学ぶ素養と努力がなくてはならないし、金銭を考える前に道徳、教養を求める心がなければいけない、それが『論語と算盤』に認めるバランス感覚なのです。孔子も〝邦道あって貧しく且つ賤しきは恥なり。邦道なくして富貴は恥なり〟とし、貧乏を奨励しているわけではなく、要はあまりこれを重んじ過ぎるのも誤りであり、軽んじ過ぎるのも良くないといっています。つまり、所有者の人格如何によってお金など資産というものは善とも悪ともなるということであり、そのバランス感覚が必要だということです。

私なりの分析であり全てとはいいませんが、渋沢さんの経営学を重視していれば抑止力が働き、「経営」を失敗しない確率が高いと思っています。正に「道徳経済合一説」の実践です。私自身も株式会社とは違う協同組織金融機関の経営者のひとりとして、約八百人の職員のためにも、地域のお客様のためにもこの教えをしっかり守りながら、これからも信用金庫経営に精進していきたいと思います。

◆　◆　◆

渋沢栄一の創造思想の中に「合本主義」があります。講演の終わりに『論語と算盤』の研究者である守屋淳氏より「合本主義」と「資本主義」の違いについて質問がありました。著者は、当時を考察すると「資本主義」は経済の一つの方法、形式であり、「合本主義」は資本参加できる庶民の思いが込められていると答えました。

横須賀に起業家渋沢栄一を研究している人がひとりいることに感謝したいと曾孫である渋沢雅英氏が最後に挨拶され、この勉強会は終了しました。

神奈川新聞社主催「お客様セミナー」（全三回）

「信用金庫経営と社会的責任」

～日本近代資本主義の父・渋沢栄一に学ぶ～

神奈川新聞社主催「神奈川新聞社お客様セミナー」にて、平成二十四年十月二十四日から三回にわたり「信用金庫経営と社会的責任～日本近代資本主義の父・渋沢栄一に学ぶ～」と題し講演を行った。セミナーでは渋沢栄一の生い立ちや同じ時代を生きた企業人たち、さらには世界の歴史を通じて渋沢と渋沢の生きた時代を考察し、これから目指すべき姿や今後の目標について、力強く語らせていただいた。

第一回講演（平成二十四年十月二十四日）

なぜいま渋沢栄一か

先日、ある会社で経営者が多額のお金を私的に流用したという報道がありましたが、これは、大変腹立たしい内容でした。たった一人の間違った経営者が、これまで懸命に作り上げてきた企業の風土や会社・社員の名誉を全て崩壊させてしまったのです。この報道を聞いたとき、私は、「経営者」が大事だと改めて感じました。

これから話をする渋沢栄一は九十二歳で亡くなりましたが、七十七歳で実業家を引退した際に、簡単にいえば「経済の形はできているけど、経済の心がないような気がします」という言葉を残しています。きちっとした経済活動ができない、きちっとした後継者が育たないと警鐘を鳴らして引退していった。それはまるで今日の経済界の問題を予見するような言葉です。渋沢栄一はなぜ、現在の経営者問題まで、明治の創世記に語ることができたのか。そしてなぜ、いま私が渋沢栄一に注目しているのか。

それを語るためには、まずは今日の経済をみる必要があるものと考えます。

今日の経済と渋沢栄一

一九八九年にベルリンの壁崩壊、一九九一年にはソビエト連邦が崩壊しました。これにより、それまでのアメリカとソ連のバランス、世界の経済・政治のバランスが崩れ、一挙にアメリカが世界の至る所へと進出する結果となりました。これがいわゆるグローバリゼーションです。グローバリゼーションとは、言い換えれば、ヒト・モノ・カネが世界中どこへでもいけるということで、アメリカとソ連二つの大国があった時代には途中で途切れてしまっていましたが、ソ連が崩壊したことで経済は大きく変化しました。

私の仕事である金融について説明すると、お客様から預かった預金を融資という形で貸出をします。貸出したお客様からはお利息をいただいて、そのお利息の中から預金のお利息をお支払いし、出資金の配当を出し、我々職員の給料をいただきます。これが銀行や信用金庫といった金融機関の基本的な仕組みです。

しかし、最近このような基本的な仕組みを持たない銀行が現れるようになっています。例えば、ドバイという儲かる地域に徹底的にお金をつぎ込んで大儲けをして、その地域の経済がいよいよ危うくなったら引き揚げてきてしまう、ということをやってきた銀行があります。もちろん、投資だけをする銀行など本来はあり得ませんが、こういった投資を積極的に行う銀行が増えてきたことが二〇〇八年のリーマン・ショックを起こした原因の一つであり、今日の行き過ぎた経済のもとを作ってしまったといえるでしょう。

ヨーロッパの経済が悪化しているのも、このことが原因だと考えています。ギリシャのGDPの四倍もの預金量を持っている銀行の経営状況が悪化しているとの報道がありましたが、通常であれば、それだけ大きな銀行の経営が悪化すれば、国のお金で銀行を保護して、金融システムの安定化を図ることになるでしょう。しかし、国で資金を出そうとしても国の金庫にはお金がありません。これは、かつて国債を高い金利をつけて売ってしまった「つけ」で、つけを払うためにどんどんお金がなくなっていくわけです。

さらに、会社がたくさんの利益を生み出す経済構造から変化してきました。環境にやさしく、社会にやさしく、人にやさしいという経済です。私はこれをエコ社会と呼んでいますが、このエコ社会はあまり儲からず、これまでの重厚長大型経済とは反対方向に動いているようにも感じられます。それから、日本独特の問題として少子高齢化が挙げられることが多くあります。この少子高齢化も経済の中で非常に大きな分野を占めているように思います。

かつての日本人は、貧しいながらも子供のためには食べ物にも、教育にも一生懸命お金をかけてきました。私自身も子供にお金をかけてきました。しかし、今はどうでしょう。お金をかける子供の数が圧倒的に少なく、与える対象がなくなってしまいました。

逆に高齢の方はお金を使いません。私は現役で理事長を務めているので、洋服など買うこともありますが、もし引退したら、新しく買うことはしなくなると思います。一方で、高齢の方は年金をもらっているほかに、退職金や貯金などの蓄えがあります。

つまり、お金をかけるべきところには人がいない、持っている人は使わない。そのため、もちろんそれだけが要因ではありませんが、アメリカのＧＤＰの約七〇％が消費であるのに対し、日本は現状六〇％ほどに留まっています。

そのことを身近に感じた例として、当金庫の事例を一つ紹介しますと、当金庫は五万六千人の方に年金口座としてご利用いただいています。当然ながら、年金支給日に入ってくる金額は、百十億円というすごい金額になります。以前は年金の日を心待ちにしていて、その日のうちに下ろしていく人が多かったのですが、今はカードにしても窓口にしても並んでその日に下ろしていく人が少なくなってしまいました。金額でいうと、百十億円のうち約五十億円が口座に残っている状況です。このことからも高齢の方の暮らしに余裕があることがわかります。

渋沢は、お金持ちになることは決して悪いことではないと言っています。大事なのは、いつもイワシだけを食べていればいいというわけではなく、国民の多くが時々は鯛を食べられるようにならなければだめだと言っているのです。これは、日本産業構造の変化を、渋沢がいち早く見越していたことの証拠であろうと思います。

渋沢栄一の神髄

先日、東京にある渋沢栄一記念財団で講演する機会を光栄にもいただきました。出席者は渋沢栄一の研究をされている方ばかりでしたが、出席者のひとりであった渋沢の曾孫である渋沢雅英様が私の話を聞いて、「参加された方の多くは学問的に捉えているが、平松さんは信用金庫の経営者という視点で、資本主義の中で株式会社ではない協同組織の立場として実践しようとしているんですね」と嬉しい感想をいただきました。

私がなぜ、これほどまでに渋沢に興味を持ったのかというと、渋沢から経営の神髄、生き方の神髄を感じるためだと思います。そしてそれは、渋沢の生まれ育ちに由来しているものだろうと考えています。

渋沢が生まれたのは、江戸時代も終わりの頃で、徳川の時代が終わって、明治の時代が来そうだという頃でした。武士が町人に借金をして生活していたり、町人が武士の株を買って地位と名誉だけはもらっていたりという時代に育ちます。

渋沢の生まれ育ったところは今の埼玉県深谷市で、比較的裕福な商人の家に生まれました。渋沢のゆかりのある地には記念館がいくつか残っていて、明治になってから建てられた邸宅は今では公園になっています。板橋にも記念館がありますが、いずれも広大な土地で裕福であったことがうかがえます。

しかし、いくら金持ちであっても豪商であっても身分は町人。当時の町人が物書きを子供に見せたり、読み聞かせをしたりなどあり得ないことでしたが、渋沢の父はそれを勉強させていました。渋沢は四才で論語を読んだと言われています。とにかくこの父親が偉いのは、子供を大事に育てながらもなんでも自分の力でやらせてみたこと。「俺の代わりにやってみろ、行ってこい」と言って、お客様のところに交渉に行かせたり、目利きをやらせたりしたそうです。自分自身も仕事をしっかりやりながら同時に子供にもしっかり教えて、自ら現場でやらせる教育を行っていました。渋沢の実行力と決断の正しさはそこから学んだのだと思います。母親は慈悲深い人で、周りから「ご飯が食べられない」と聞くと、面倒をみてやったりする人だったそうです。

そうした家庭環境の中で育った渋沢ですが、十七才の時にその後の人生を決めるような出来事が起こります。ある時、代官から呼ばれ、「飢饉で米が上がってこないので、大きな庄屋であるお前が五百両高出せ」と言われました。ちょうどその時、渋沢の父親は商売で遠くに行っており「代理である私ではすぐに答えることができない」と渋沢は答えました。しかし、代官は「長男で跡継ぎだからそのぐらいお前が決められるだろう、今すぐ決めろ」と憤慨し、強制されました。帰り道、「こんな代官に（徳川が終ろうかという時代は、まだ少し先のこと）、俺の敷地の中にずっといられたらいやだ、人生嫌になってしまう」と、つくづく身分制度、封建制度の矛盾を嘆きました。この出来事は渋沢の考え方の根本になっていると思います。

そんな激動の時代、渋沢がここまで上り詰めた原因の一つには、間違いなく運があります。この運とは、徳川慶喜と出会ったことです。

渋沢は平岡円四郎という一橋家の家臣を通じて慶喜と知り合います。その後、渋沢はヨーロッパに視察に行くことになりますが、その時に慶喜の弟である徳川昭武（民部公子）に随行しました。使節団の中に入れてもらえたのです。渋沢はヨーロッパでいろいろなものを見てきました。日本では、侍は刀を差していればお金がなくても威張っていて、商人はお金を持っていても身分が下でペコペコしています。しかし、ヨーロッパで人々が商売をしている姿を見ると、軍人の大佐と商人が対等に口を聞いて、どちらかがペコペコすることもありません。そんな様子を見て、封建制度はよくないと強く感じたに違いありません。

ヨーロッパから帰ってくると、政変が起こり徳川の世が終わっていました。明治維新です。この時にも、渋沢の運が発揮されます。慶喜が水戸か駿府のどちらかに帰るとなった時、慶喜は渋沢が日本全体の仕事ができる人間だと見込んで、古い保守的な考え方が残る水戸では渋沢の能力が十分に発揮できないと考え、渋沢を駿府に連れて行きました。その後、渋沢は駿府で能力をいかんなく発揮し、やがて駿府から日本国の官僚、今でいう大蔵省の官僚になるのです。このように、渋沢は慶喜と知り合ったことで成功していったのでした。

明治政府に呼ばれ、渋沢は官僚になります。渋沢は非常に頭が切れて、仕組みや制度を作っていくことが上手だったそうです。例えば金本位制度。渋沢の能力は、ヨーロッパに行ったことで飛躍を遂げました。普通なら、ヨーロッパで金融制度を知っても「それを日本で試したらどうなのだろう」と考えたところで試す人はいないでしょう。渋沢は、「ならば自分がやらなければ」と、予算の分配など全部やってのけました。

私が渋沢を研究していて、この人はすごい人だと痛切に感じたのは、重厚長大型経済で発展したヨーロッパを見学し、イギリスの産業革命、フランスの機械化を目の当たりにした渋沢が、これを日本の経済活動、日本の発展にいかに結びつけようかと考え、私欲を満たすなど考えもしなかったところです。この考え方は後の国立銀行設立や社会事業にもつながります。しかし、渋沢は大久保利通と意見が対立し、大蔵省を辞めることとなりました。

渋沢の考えの背景を探る

大蔵省を辞めた渋沢は、その後、経済人に転身しました。経済人に転身してから何をやったかをみると、渋沢の背景にあるものの考え方がみえてきます。

一つは官尊民卑、国が偉くて民間はだめだといった考えを一掃しようとしました。政府や、そこに勤める官が偉いという考え方はよくない。民間でもっと活力を出していくことのほうが大事であり、それを卑しいという考えを打破していくのだというのが、渋沢栄一の根本的思想です。私も理事長という仕事をしていくうえで、自分の意見を意味もなく押し付けるのは同じだと思い、同僚や部下の意見をなるべく聞くようにしています。

次に合本主義。合本主義は資本主義と似ていますが、若干違いがあります。貧しい人たちがたくさんいる中で、「会社を作るから資本金を出してくれ」といっても今みたいに市場があって少額でも出せる環境ではなく、当時はお金持ちでも出せない、あるいは出そうという発想がありません。つまり、資本金を出す行為自体が特権階級のものでした。その時に生まれたのが合本主義です。余談ですが、渋沢栄一を研究している方から、「資本主義と合本主義の違いはどういうところですか」と質問を受けたことがあります。私はその時、「合本主義の話は理論ではなく、資本参加をしたいという気持ちだと思います。日本と投資する会社の発展拡大を願う愛情が投資する行為となり、今日の株主とは若干違うように思います。明治のあの時代に初めてできた、それこそ合本主義なのです」と答えたら、その方は「その答えが一番いいですね」と納得していました。

我々は損得勘定や打算的な考えで行動を思いとどまることも多くあります。しかし渋沢の理論はそうではありません。渋沢は、経営をする上でこういうことをやっちゃうとまずい、こういうことを言ってはだめだなと、一歩足をとめる判断材料になるものは「道理」、つまり、倫理や道徳だと述べています。倫理、道徳の象徴として論語を、経営・経済を算盤にたとえ、経営・経済も論語を基準に判断しています。それこそが『論語と算盤』なのです。

仁義と不羈《ふき》というのは人間性であり、心、正義です。しかし、そういうものばかり振りかざしていて、富を疎かにしてはいけないと渋沢ははっきり言っています。つまり儲けなさい、ただし、儲けの前に正義あり、というわけです。私の考えとしては、儲けの前に正義あり、の後に、儲けの後に分配ありだと思っています。儲けもきちっとしたルールに乗っ取った儲け方が必要です。

最近の金融機関を取り巻く話題として、金融円滑化法（注1）があります。これは、おおまかに言うと支出を減らして何とか乗り切っていきましょうというものですが、数年にわたって続けてきた結果、企業のいくつかは、支出をこれ以上抑えきれない状態に来ています。経済がよくならないため、いくら支出を減らしても、ニューマネーが入ってこない、乗り切れない企業も出てきました。つまり、義とお金は相反するものではなく、義もお金もなければいけない。一見、渋沢は、お金は必要ないと考える人のように思われるかもしれませんが、それは違います。「営利の否定はするな。営利を進めることを前提としたうえで、その使い方、社会貢献を」と言っているのです。営利の必然性を認めているということです。

それから、実学重視。渋沢は、徳川が崩壊した原因は二つあったと言っています。一つは武士が画一的な学問しかやってこなかったということ、もう一つは商人には形式的な学問があるだけで、世界に通用する学問をしてこなかったこと、もっとはっきり言うと、商人の学力の低さこそが徳川幕府を潰したとも言っています。そこで、渋沢は商人専門の、商人のための学問として実学の必要を説いていたのです。

渋沢は、東京大学の講師をやっていたことがあります。今でこそ、どこの大学でもだいたい経済学部や経営学部、商学部がありますが、当時の東京大学の中には商学部がありませんでした。そこで渋沢は商学部を東京大学に作ってくれと要請しましたが、最後まで東京大学は商学部を作りませんでした。そこで、仕方がないので自分で作ったのが一橋大学です。一橋大学は実学をやるために作られた大学なのです。これは、渋沢がどれだけ商業、実学といったものに力を入れていたかがうかがえるエピソードです。ちなみに、今でも東京大学は商学部がなく、一橋大学には商学部があります。

渋沢の『論語と算盤』は、ひとことで言えば日本人的資本主義です。こう言ってしまうと「ちょっと待てよ、そんなふうに言ってしまっていいのか」と思われるかもしれませんが、これが一番ぴったりくる言葉だと私は考えています。

中国に『論抄』というものがありますが、そのなかでも『中庸』『大学』『孟子』『論語』の四つが学問の書として有名です。『中庸』は、中国や韓国で皇帝になると必ずこれを読んだそうですが、政治の哲学、生き方の哲学といった、ちょっと小難しいことが書かれています。『大学』というものは、比較的政治の話が中心で、個人が毎日実践する生活についてはあまり載っていません。『孟子』は孟子の教えをそのまま記録したものです。『論語』というのは、孔子の弟子たちが、孔子の生きていた頃の言葉を集約して作ったもので、非常に融通性があったり、弾力性があったり、非常にわかりやすく書かれています。これが、渋沢が論語を一番大事にした理由の一つで、わかりやすいということは一番大切であると思います。

企業家としての渋沢栄一

渋沢が作ったり関与した会社にはどんな会社があるか調べてみると、非常に多くの会社を作っていることがわかります。特に、金融会社や保険会社が非常に多い。ただ、先程も言った通り会社名に渋沢の名前がついているのは澁澤倉庫以外ありません。ちなみに、渋沢が関与した会社を紹介すると、第一国立銀行（現・みずほ銀行）、二十銀行（現・みずほ銀行）、東京海上保険（現・東京海上火災保険）、七十七銀行、日本鉄道（現・東日本旅客鉄道）、日本郵船、東京石川島造船所（現・ＩＨＩ）、東京貯蓄銀行（現・りそな銀行、埼玉りそな銀行）、それから東洋汽船（現・日本郵船）、北越鉄道（現・東日本旅客鉄道）、浦賀ドック（現・住友重機械工業）などもあります。それから北海道鉄道（現・JR北海道）、日本興業銀行、京阪電気鉄道（現・京阪ホールディングス）、日清汽船（今はない）、王子製紙、磐城炭砿（現・常盤興産）、京都織物（今はない）、三重紡績（現・東洋紡）、大阪紡績（現・東洋紡）、東京帽子（現・オーベクス、オーロラ）、石狩石炭（現・北海道炭砿汽船）、中央製紙（現・王子ホールディングス）、東京製綱、浅野セメント（浅野さんが作った会社だが関与している）（現・太平洋セメント）、東京瓦斯、東京印刷（現・太平洋印刷）、広島水力電気（現・中国電力）、帝国ホテル、大日本人造肥料（現・日産化学）、澁澤倉庫、稷山金鉱（砿業組合）、茨城採炭、渋沢商店（今はない）、堀越商会（今はない）、足尾鉱山組合（現・古川機械金属）、帝国劇場、大日本麦酒（現・アサヒグループホールディングス、サッポロホールディングス）、合名会社中井商店（現・日本紙パルプ商事）、現在の第一製薬（旧・三共）、こんなところも関与しています。

それから社会事業。社会事業では、恵まれない子供たちを一緒に育てていくような慈善会を最初に作っています。加えて、東京高等商業学校（現・一橋大学）、工手学校（現・工学院大学）、明治法律学校（現・明治大学）、専修学校（現・専修大学）、青山学院財団（現・青山学院）、皇典講究所（現・國學院大学）、同志社、慶應、早稲田大学、深谷商業学校（現・深谷商業高等学校）。教育には熱心で日本女子大学校（現・日本女子大学）、東京女学館、跡見高等女学校（現・跡見学園）、女子英学塾（現・津田塾大学）などにも関与しています。病院関係では東京慈恵会（現・東京慈恵大学）、それから赤十字、済生会、聖路加国際病院、救世軍病院（現・救世軍ブース記念病院）。

東京商業会議所（現・東京商工会議所）という商工会議所を初めて作って頭取（今でいう会頭）になっています。それから、証券取引所も作りました。渋沢は約五百の会社と、約六百の社会公共事業に関与したといわれています。大倉喜八郎も男爵という爵位をもらいましたが、社会事業を非常に多く行った渋沢は、その功績を認められ子爵の爵位をもらうことになりました。

そんな渋沢ですが、批判が一つだけあります。当時、渋沢がいる限りその会社は大丈夫だという考えが広まっていました。渋沢が関与している会社には多くの出資者が集まりました。渋沢の名前だけの会社もあったのではないでしょうか。もっと責任をもって経営の中核まで踏み込んでいくべきだったのではと思うところもあります。しかし、もしそういったことをしていたら、逆に今日私たちが知る渋沢はいないかもしれません。もしかしたら失敗していたかもしれないし、社会事業に目が向かっていかなかったかもしれないと私は考えてしまうのです。それ程、渋沢栄一は規格外の人だったということです。

（注1）**金融円滑化法**　中小企業や住宅ローンの借り手が返済の猶予や軽減を求めた場合、金融機関は返済猶予や金利減免などの融資条件変更に応じるよう努めることを明記した法律。正式名称は「中小企業者等に対する金融の円滑化を図るための臨時措置に関する法律」（平成二十一年法律第九十六号）で、「金融円滑化法」「金融モラトリアム法」「円滑化法」などとも呼ばれる。二〇〇八年（平成二十年）秋のリーマン・ショック後、中小企業の資金繰り対策として、民主党政権が制定した法律である。二〇〇九年十二月施行。当初は二年間の時限立法であったが、期限を迎えても中小企業の資金繰りが厳しいことから、二〇一一年三月末と二〇一二年三月末の二度にわたって延長され、二〇一三年三月末に終了した。

第二回講演（平成二十四年十月三十一日）

抑止力

前回の講演では、渋沢と同じ時代を生きた企業家を比較しつつ、渋沢の人となりを紹介させていただきました。今日は、少し視点を変えて、日本や世界の経済について話をしてみようと思います。

渋沢は、六百もの営利企業の創設に関与しましたが、大きな会社を作ろうとか、日本で一番の財閥になろうとか、大金持ちになろうとか、そういうような考え方で会社を経営したことはありません。役人時代には、日本経済、あるいは世界経済全体を良くするための手法や技法、考え方や理論として極めて優れたものを伝えていたといわれています。

それを表すエピソードとして、浅野セメントの浅野総一郎がこんなことを言っています。ある銅山が売りに出たとき、浅野は「山の中にはまだ銅があるからこの銅山を買いたい」と渋沢に話をしたところ、「もう銅なんかないので買うな」と渋沢に言われました。そこで浅野はしぶしぶ諦めたところ、その山からは続々と銅が出てきて買った人は大儲けしたそうです。もちろん、浅野は渋沢を褒めてはいますが、この一件については「あんなに経営を一生懸命やる人のわりに金儲けが下手だ。お金に執着のない経営者は困ったものだ」と後に述べています。この話からもわかるように、渋沢はお金を集めるのに熱心ではないようです。そんな渋沢には、経営者として欲がなさ過ぎるという批判もあったようです。

渋沢を勉強していくと、行き着くところが「抑止力」の考え方です。経営者の抑止力が大事だということになると、大きな会社を作ればいいということにはならないのです。当然ながら、渋沢が作った会社には、世界に誇る大きな会社はありますが、大きければ良いということではないのです。

私は、日本の経済を語る時にも、経営者の抑止力は大事なキーワードだと思っています。日本は、大きな会社を作っていこう、という一つ一つの積み重ねが、結果としてGDP世界第二位の経済大国になってしまいました。しかし、第二位になった後にすべて幸せかというと、実はそうではなかったということを頭の隅に入れておいていただきながら、今日の話を聞いていただきたいと思います。

戦後の日本経済

最初に日本経済について検証してみたいと思います。戦後の日本経済は大きく変わりました。戦前の経済も今日の経済を検証するうえで重要です。しかし、経済の規模、背景、主要国などが大きく異なってしまっているため、戦前、戦後を同じように考えることはできなくなってしまっています。そこで今回は戦後の経済について語ることにします。

よく景気が良いとか悪いとか言いますが、いったい景気とは何なのかという点について、まずはおさらいしてみたいと思います。景気がどういうものかというと、基本的には需要と供給のバランスだと考えます。例えば、不景気の場合には物が少ない。

買いたいという人がたくさんいます。物が少ないから、価値は上がる。値が上がるときは経済が活発になる。それで景気浮揚策をとっていく。日本も世界も、この需要と供給の度合いで景気の上げ下げをしています。

日銀の金融緩和策が今日発表になりましたが、これもお金を日本に供給する施策です。確かにお金の供給は大事ですが、問題はそのお金をどうやって使っていくかということであり、今とっている緩和策が需要と供給のバランスの中で効果を出せるかというと、簡単にはいかないとも思っています。

そこで物価を二%上げようというインフレ志向にもっていこうとする施策がたくさん打ち出されました。実際は、〇・七から〇・八%で終わることも十分あり得ます。しかし、これからもインフレ志向にもっていきながら、デフレ脱却を図っていこうという施策だといえます。

このように緩和策をとりつつ、日本は景気浮揚策をとっているわけですが、今日の経済を考える時、景気が良い悪いだけでなく、大事になるポイントがあると私は考えています。

一番目に一九八九年にベルリンの壁が崩壊した後、グローバル化が進み、ヒト・モノ・カネ全てが世界基準になったことが挙げられます。

それから、今日の経済で大事なところは、わかりやすくいうと、製造部門に付加価値がついていないということがあります。一つには製造業が衰えており、業種が少なく、力がなくなってきていることです。製造することだけが日本経済、世界経済を上げていくかというとそうではありません。物は作るだけではなく、物を売ること、いわゆる商売もあります。商売の中にも付加価値をつけるということ、つまり、製造業は資源に付加価値をつけたものです。もちろん、何も付加価値をつけないで売っていく業種もあります。そこに○○商店だとか、車そのものとか、家そのものとか、そういうものにブランドがつき、さらにそこに売る会社のブランドという付加価値をつけて売っていくわけです。製造業以外にも全部付加価値がついています。

この付加価値をつけるということ、世界史を経済の面から捉え直すとどうなるのでしょうか。自分ではこの視点を「世界経済観」と名付けていますが、この世界経済観について紹介したいと思います。

世界経済観～世界史に経済を学ぶ

1　ローマ帝国

まずは、ローマ帝国を検証してみようと思います。ローマ帝国は、紀元前二十七年に小さなイタリアから出てきた帝国で、小さなローマ帝国が世界を制覇していきます。四七六年に西ローマ帝国はゲルマン民族によって崩壊することになりますが、東ローマ帝国は一四五三年にオスマントルコによって崩壊されるまで千五百年も続いた計算になります。では、千五百年も続いたローマ帝国が何故崩壊してしまったのでしょうか。

その理由の一つは、人材の枯渇があります。私はこの話をする時、いつもボール紙の話をするので、今回もちょっと披露したいと思います。例えば、五十センチ四方のボール紙なら一人でも持つことができます。一メートル四方のボール紙でも一人で持つことができます。しかし、五メートル四方のボール紙だと一人では持てません。四隅を支える人と、真ん中が凹むのでそこを支える人間が必要になります。そのときに誰に持たせるか、自分が一番有能と思う人間に持たせることになるでしょう。これが、五十メートル四方になったら、今度は五人ではすみません。ローマ帝国は、言い換えれば世界にボール紙を張ったわけだから、ボール紙を持つ人間がどんどん必要になるのです。しかし、その間に、ローマ帝国は人材の育成をしませんでした。当然ながら有能な人間を配置していくと持つ人間が足りなくなってしまいます。人材育成をしてこなかったこと、これがローマ帝国崩壊の一つ目の理由です。

二つ目は、膨大志向の限界です。ローマ帝国は、制覇したところから中央、つまりローマ帝国に全てを集中させるということをやっていました。そして、持ってこさせるために奴隷という労働力を使っていました。労働力を補うためにさらに制覇し、自国に利益を持ってくる。この繰り返しです。これが膨大志向で、最終的にローマ帝国を潰してしまう結果となりました。

日本にも大きな会社がいくつもありますが、世界の中で比べると大きい会社は少ない。つまり、日本企業の大きさは、まだ支えきれないボール紙の大きさではありません。ところが、ローマ帝国は自分たちでは支えきれない膨張、拡大を目指してしまいました。また、それを目指せば、利益を自分だけのものにしたいという打算が生まれます。経営の哲学からいってもそうであり、それがローマ帝国の崩壊の原因だと思います。

もう一つは、危機感の欠落。どんな業種でもどんな企業でも、私たちにはそれぞれ競争相手がいて、常に競合の世界にあります。さらに、現代においては、グローバル化が大きな激しい競争と格差を生むことを先週話したと思います。しかしローマ帝国は競争相手が常にいて、誰かが侵略してくる、あるいは競争相手になるということに対して非常に楽観的でした。つまり、自分が大きくなりすぎて、世の中を大きく見ることができなくなってしまったのです。これは経営者にとって一番大事なことで、ローマ帝国の崩壊はこれがなくなったがためだと思います。

2　大航海時代

次に大航海時代。大航海時代、スペインが最初に世界を制覇しました。その頃の経済の例として銀の取引があげられます。スペインはポトシ銀山から銀をたくさん掘り出し世界に流通させました。しかし、その後スペインは衰退していきます。この理由を経済の観点から考えると、銀を掘り出して、それを生糸などと交換する物々交換、つまり交換型経済しかしなかったからだと結論づけることができると思います。すでに話をしましたが、仕入れたものを加工して付加価値をつけて、利益を乗せて売買し、循環させていくのが経済です。スペインのこのポトシ銀山は、掘り出す際に労働コストがかかっていますが、世界を制覇し、現地人を使って、安い現地の労働力を使って採掘したものなので労働コストという概念がありません。もちろん、利益という概念もなく、銀を単純に絹に交換していました。これではいくら銀を掘ったって、絹や金などは王宮に入るかもしれませんが、国は栄えません。それゆえ、スペインはやがて衰退していったのです。

スペインの次にオランダが全盛となった時代がありました。実際には短い期間だったのであまり世界史には出てきませんが、オランダではチューリップの球根をたくさん作り、世界に売ることで勢力を強めました。当時は宮廷に花をきれいに飾っておくことが流行した時代で、球根はものすごく売れ、球根バブルとなりました。しかし、先ほどのスペインと同様に、オランダは球根だけを売る物々交換だけの流通で、結果としてオランダもちっとも豊かになりませんでした。

3　産業革命

そして、最後にイギリスの時代がやってきます。渋沢がフランス万博見学のため現地を訪れたとき、軍人と商人が対等に話していること、日本でいうところの侍と町人が対等に話しているのを素晴らしく感じたということは前回お話しした通りです。そしてもう一つ、機械の部品を大量に作ることや、汽車がレールの上を走っている様子など、当時の日本人には考えられなかったようなものを渋沢はたくさん見てきました。

イギリスはなぜ世界を制覇できたのでしょうか。イギリスが世界を制覇できたその背景には産業革命が間違いなくあったと考えます。産業革命の特徴は、物を作って販売したことです。物を作るときに、加工賃、いわゆる付加価値をつけて、高めに値段をつけました。なおかつ、提供する商品も生活に必要なものを提供していました。

なぜ私がこの三つの時代の話をしたかというと、近代経済の基本は産業革命であり、そこには経済の原型があると考えているからです。資材を得て、それを製品として加工することで付加価値がつく。さらに、それを売るときにまた付加価値がつく。そうやってエンドユーザーに提供されていく。出来上がったものを売るためにも、そこに利益をつけなくてはなりません。

では利益をどうやってつけるのでしょうか。もし、作っているものが同じであれば、値段はどうやってつけたらよいのでしょうか。それはその会社のブランドだったり、その品物のブランドだったり、懐勘定だったりします。これらをまとめて経済と呼ぶのだと考えています。

戦後の日本経済

では、戦後の日本の経済について考えてみたいと思います。日本経済の動きを見てみると、非常によくわかります。まさにこの五十年の流れを分析するとわかりやすいと思います。一九七〇年までは、日本経済は順調に推移しています。特に一九六〇年は上昇していますが、これは、ベトナム戦争でアメリカがベトナムへと進駐した時で、日本は軍事関係物資を作ってアメリカに売っていた時代です。このベトナム戦争の余波はしばらく続きました。

順調に推移した日本経済も一九七一年から下降していきます。一九七一年に金ドル交換停止、一九七三年には第一次オイルショック、ＯＰＥＣが原油価格を四倍に引き上げた時で、この頃、石油がなくなるとの話がありました。トイレットペーパーを買いあさったことを記憶している方も多いのではないでしょうか。今考えてみるとなんでトイレットペーパーだったのかわかりません。ある説では、日本人は清潔な民族なのでほかのもので代用はできなかったとの説もあるようです。その後は、オイルショックの余波で大きく低下しており、いかに世界経済、アメリカ経済、あるいは石油が大きな影響を与えているかがわかります。

余談ですが、私は納豆が好きで毎朝食べていますが、東日本大震災以降、パックやタレの袋に使用する石油がないことから、しばらくどこに行っても納豆が品薄、スーパーで一人二個までと規制がありました。

世界の原油価格は、産油国で決めていません。アメリカで決めています。しかし、価格を調整するのは産油国です。最近、日本の近隣諸国と領土を巡るニュースが多くありますが、これは、単に国土の取り合いというだけでなく、地下にある新しい資源が日本海側や北海道に埋まっているからということもあるようです。資源が世界経済を変えていく、このことも大事な観点だと思います。

一九七三年から経済は回復します。一九八五年のプラザ合意、それから一九八七年十月のブラックマンデー等で株が大幅に下がり、日本の経済成長も下がってきた。それから一九八九年には今日のグローバル化が始まるベルリンの壁が崩壊しました。一九九一年にはソ連の崩壊を迎えます。一九九一年から一九九三年ごろに不動産バブルが始まります。

そして、二〇〇七年からサブプライム問題が起こります。アメリカはＧＤＰの七〇％を消費で支えています。その消費の大半は不動産や車であり、アメリカは戦後一貫して、不動産の住宅産業は右肩上がりの成長を遂げていました。しかし、約四割の不動産を持てない人たちがいます。時はブッシュ政権。不動産を持てない四割の人に不動産を持ちなさい、銀行が貸出をするから土地・建物を買いなさいという政策をとりました。サブプライムというくらいだから、プライムじゃない人たちに売ります。プライムなら返済もできるが、サブだからそうではない、予備軍の人たちで、その人たちに住宅を売り、銀行は貸し出しました。バブルで値が上がっていくから二つ持ちなさい。一つは自分の家、一つは賃貸住宅として家賃収入を確保。数年後には値が上がるので売却して利益確保をしてはどうですか。この方式で住宅ローンがすごく増えました。しかし、それは崩壊したのです。

なぜ崩壊したのでしょうか。一番の問題は銀行だと思います。銀行が負の遺産を一つのペーパーにして正の遺産に切り替えてヨーロッパに売っていたことです。焦げ付きを持った銀行が、反対勘定の正に切り替えて商品にすることはたやすいのです。それを世界に売り、投機対象になるからといって世界が買っていきました。そして、それが崩壊してサブプライム問題に発展したのです。

我々信用金庫は、地域の中でご預金をお預かりし、それを貸出という形で運用し、利息をいただき、ご預金へのお利息をお支払いし、配当を出し、そして給料をいただいています。これがエコノミックバンクの通常の姿です。かつて、アメリカには州際法という仕組みがあって、その州でしか銀行業務ができないという法律がありました。これをクリントン時代に壊し、どこに行っても、どういう商売をしてもよいという形にしたのです。そうなれば、投資型の銀行ができるに決まっています。大きな資金を持ってどこかにつぎ込んで、値段を釣り上げて、だめだと思ったら引き上げる。そういう形で大儲けする銀行が投資型銀行です。そのような銀行を我々はシャドーバンク・インベストバンクと呼んでいます。ベア・スターンズ、ゴールドマン・サックス、リーマン・ブラザーズ、あるいはメリルリンチなどがあります。これらの有名な銀行が投資型銀行に奔っていく、このことが今日のグローバル化というものと同時に、金融グローバルという、とてつもない、際限のない、行き着くところのない、悪しき商売を発生させたと思っています。後で説明しますが、欧州問題のほとんどは銀行で、銀行がにっちもさっちもいかなくなることで国がうまくいかなくなる。金融機関が健全な秩序ある経営をされないと、こういうことになるのだという一つの形を示しています。一九八〇年、九〇年代は今日の経済の悪化を招いた一つの大きなポイントだと思います。

金融緩和策

一九九一年夏以降、日本銀行は金融緩和策を打ち出しました。金融緩和がどういうものなのか皆さんもご存じかと思いますが、実態経済という立場で改めて説明したいと思います。

一つ目は、一九九九年のゼロ金利政策です。私たち金融機関は、日本銀行に当座預金を持っています。当座預金は金利がつきません。金融機関としては金利がつかないところに預けたくなんてありません。せめて安い金利でも貸出に回そうと思うのが金融機関の考えで、それで景気浮揚を図るという政策です。〇・一でもいいから運用できるほうに資金を回す、そうすれば景気は上がっていく、貸し出してもらえるならば設備投資をしましょう、運転資金を借りましょうということになって景気は上向きになってくる、これがゼロ金利政策の考え方です。

ところが、実際には景気は上がっていません。どんなに金利が安くても、将来返せるかなと考えたときに不安があるなら借りませんよね。返さなければならないのにどうやって返したらいいかわからないものは借りません。したがって、今はゼロ金利に非常に近くなっているのに、借りたい人が少ないという状況にあるのです。

二つ目に、二〇〇一年には量的緩和を実施しました。当金庫でも年金は一回に百三十億円以上振り込まれてきますが、そのほとんどが使われないで残っています。そこに日本銀行が現金を供給してきます。量がたくさんあるのだからどんどん貸出をするようになる。だからお金をどんどん使ってもらえるだろうというのが量的緩和の考え方です。

この二つは基本の考え方で昔は功を奏していましたが、今はこれをやっても回復しないという根深い経済の悪さ、デフレの景気の実態があります。当金庫でも預金をたくさん預けていただいています。もちろん、預金はいくらでも預けてほしいですが、いっぱいあるということ、これは注目すべき点であります。日本の国にとって国債や経常収支と大きな関連があります。個人の資産があることは良いことには違いない。力が強いことの証明でもあります。

三つ目に、包括的施策。日本銀行は過去にとったことのない施策で、国債、短期国債、ＣＴＦ、ＣＰ、リスクものも買い入れました。これまで踏み込んではいけないとしていた市場経済にも日銀が介入してお金を出し、経済の流れを変えていこうという施策ですが、これも景気浮揚になっていないようです。

四つ目に、最初に話をした物価上昇率があります。これはマインド。過去にみんながとった施策で、隣の人がなんとなく景気が良さそうだとうちも良さそうだなという同感意識を持たせていくアダム・スミスの考え方であります。例えば物価上昇率を一％まで許容すると、各商店が、仕入れから利ざやを乗せて値段を高めにつける。それが売れていくと物価は上がっていく。物価が上がっていくということは、仕入れも売値も上がっていき、結果として経済全体が膨らむということになる。物価上昇率二%にもっていくという施策を続けると思います。

日本銀行ではこの四つの施策をやっています。そのほかに、銀行に大きな公的資金を導入しました。そのことで日本は世界で一番安定した金融システムを構築しています。これが一九九一年以降の金融緩和策であります。

その後、二〇〇八年にリーマン・ショックがあって再び下落後、回復して今日に至っています。

記憶の中の日本経済

次に、これまでの日本を、記憶の中から振り返ってみようと思います。一九四五年から五五年、昭和二十年から三十年くらい、このときのインフレ率は、当然ながら高くなっています。ここで、日本にもたらしたマイナス影響を、自分のことに置き換えてみて思い出してみたいと思います。私は昭和二十四年生まれで、豊かな家庭ではありませんでしたが、食べるものはだいたいありました。着るものは、夏は半ズボンでランニングシャツ一枚、よそゆき一着くらい。これは、当時の日本の状況を考えてもその通りだと思います。日本は繊維産業が非常に発達していましたが、戦争中にはその工場が軍需産業の工場になってしまいました。機織が鉄砲玉をつくる場所になりました。この工場をもとに戻すのは時間がかかりました。工業は、もう一度引っ掻き回して地面を掘って出してくればいい、農業は荒らされていても片付ければいい、でも繊維は機織りをするために旋盤を撤去しなければなりません。戦後の日本は全国どこも変わり果てており、そう簡単にはできませんでした。昭和三十年代になってようやく繊維産業が復活してきました。戦争の痛手は、着るものに大きな影響を与えたと改めて思います。

日本の経済成長を印象的な言葉でいえば道路ではないでしょうか。道路づくりは、間違いなく経済発展に寄与しました。それから工場。さらに学校。尋常小学校から学校を造り直しました。私は横須賀の小学校に通っていましたが、入学した昭和三十一年の時には二部制でした。二年生の時に学校が造られ、二部制はなくなりましたが、それぐらい学校を一生懸命造ってきました。

続いて高度成長期の昭和二十五年から昭和四十八年くらいを思い出してみます。ここで思い出すキーワードは、東京タワー、オリンピック、新幹線、世界の工場、乗用車、テレビ、冷蔵庫、電気洗濯機、造船、鉄鋼、アパート。輸出と民需の掘り起こしで成長をしてきました。

夜汽車に揺られて学生服を着たまま、東京で就職し、ベルトコンベアの前でものづくりをする。当時は働き手がいっぱいいました。中学を卒業してすぐに働いている人は今ではほとんどいません。高校を卒業してすぐに働く人も少ない。しかし、当時はそういう人たちがいっぱいいました。そういう人を養成するため、企業が学校を造っていました。特殊な技術を習得させるための専門養成所を持っていました。私の友達にもそこに行って、職人としての高い技術力を身につけた人がたくさんいます。それでいてアメリカから仕事はたくさんきます。仕事があって作り手がいるなら当然景気は良くなります。

年頃になって結婚したいと思えば、その相手も夜汽車に揺られてたくさん来ていますから、職場で知り合い結婚する可能性も高くなります。

結婚したらどこに住むかというと、例えば多摩ニュータウンのように、そういう人たちを受け入れるために国がアパートを積極的に開発し、たくさん建物を建てました。そのためには、そこに資材、木材、職人、全部が投入されます。それが全国にできたのだから、当然ＧＤＰは上がるに決まっています。日本の高度成長期はそうやって訪れました。

私は当時と今の日本の姿が全く変わってしまったと感じています。人口・労働人口・労働生産人口、それから建物。時代はすっかり変わりました。そのことを思うと、これからどうしたらいいかを考える必要があります。

かつて、人口は増える、家はできる、鉄道は敷設される、トラックからマイカーに変わる。日本は世界の工場、特にアメリカに対する工場でした。それはなぜかというと、低賃金だったからです。低賃金で安い仕事を引き受けて仕事ができるから、世界は安い値段で技術力の高い、日本のいいものを仕入れることができたのです。

日本は高度経済成長後に何を求めたかといえば、韓国や中国や東南アジアのような安い賃金の場所に工場を出して商品を作らせて、世界に売っていきました。賃金が安ければ商品も安くなるので、それに利ざやを付加しても安く売ることができます。今は中国が自国の安い賃金のほか、東南アジアなどの安い賃金を使って世界に売っています。日本も部品のいくつかは東南アジアで作ったものを仕入れています。

低賃金だったものが、仕事があって会社が豊かになれば給料が上がっていきます。給料が上がっていけば暮らしが楽になります。暮らしが楽になると買えるものが増え、消費が増え、生活は豊かになります。それがもっとよくなると貯蓄が増えていきます。

少子高齢化社会を迎えて

日本の場合にはグローバル化の競争の激化と同時に格差が生まれました。そして今日格差がもっとひどくなっています。それに加えて日本は少子高齢化という非常にやっかいな問題を抱えています。少子高齢化というのは簡単には解決はできません。

もし解決をするなら大変な時間がかかります。これから団塊の世代がシニアになっていきますが、お金をどう使っていくのか、ということがポイントになります。

少子高齢化ではお金を使ってあげたい子供がいないからお金を使わないという話をしましたが、実態として間違いはないと思います。ところが統計上では、消費市場では、日本では二百八十四兆円から二〇二〇年には三百十二兆円になるという予測があるそうです。

このほかにもいくつか統計がありますが、その中でびっくりしたことの一つに所帯数があります。二〇二〇年になると若年所帯は所帯数が九百二十五万所帯、シニア層が一九七八万所帯になるとのこと。六十歳以上のほうが二倍以上の所帯数になるのです。しかも、シニア層で特徴的なのが、独身所帯か夫婦二人所帯だけ。私も十年前に妻を亡くしているので独身所帯になります。間違いなくそういう所帯数・所帯割になる。日本の少子高齢化の裏に潜んでいる一つの形であると思います。では、シニアの消費はどのくらいになるのかというと、今は年間で二十兆円。これが二〇二〇年には三十兆円程度になるとの予想です。

高齢の方はお金を持っているが使わないから景気が良くならないといいました。これは間違いないと思います。しかし統計的にみると、独身・夫婦だけの所帯でも二十兆円を使っています。数字にするとこんなに大きくなる理由はなぜでしょう。それは、これから六十歳以上の人で潜在的にお金を持っている人は使う時代になるのではないかと思います。将来の安定した老後生活のために介護施設、養護施設に、老夫婦の静かな生活拠点の購入に大金を出す傾向が増えているからです。当金庫の預金の構成をみても、シニアの預金残高のほうが多いです。この現象は日本の国債の話につながります。

国債と年金の循環

経常収支と貿易収支、日本の国債の現状を一緒に考えてみます。今日本の経済は良くない、成長率が悪いといっています。これを考察するには、経常収支の話をするとわかりやすいと思います。

経常収支は、四つあります。一つは、貿易収支です。貿易収支とは、輸出から輸入を差し引いたものです。最近の新聞には約三兆円の赤字になったと載っていました。輸出は中国・アメリカを中心として物が伸びておらず、一方で輸入は東日本大震災以降、火力発電のため、ガスや石油を多く輸入しているから輸入のほうが大きくなり、そのため赤字になります。日本は戦後一貫して貿易収支は黒字でした。

次に経常収支。私も最近まで貿易収支と経常収支はイコールで貿易収支が悪いから経常収支も悪いのかと思っていました。しかし、貿易収支は三兆円の赤字ですが、経常収支は昨年十四兆円のプラスとなっているそうで、イコールではないのです。通常は貿易収支が赤字なら経常収支も赤字になりそうなものですが、日本は海外にも莫大な海外資産を持っています。そのほとんどが国債です。過去に日本がすごくお金を持っていた時に海外に投資していましたが、その時の配当金がほとんどです。なかでもアメリカの国債が七兆円から九兆円近く入ってきています。これがある限り、日本の経常収支は黒字です。最終的には国民個人の流動資産につながっていくものとは思いますが、基本的には国が海外の負債も持っていて、金持ちでしっかりしているということです。日本はおおよそ七百兆円の資産を持っていて、二百兆円の負債があるので五百兆円の資産を持っているという勘定になりますが、この所得のほとんどが各国の国債からなっています。国債がどれだけ低い金利であったとしてもこれだけ持っていれば十兆円くらいの黒字になります。

よく、「日本の国債ってこんなにどんどん発行しているのに大丈夫か」という話があります。大丈夫だといえる根拠は、今の日本の国債は日本人と日本の企業がほとんど持っているということにあります。日本と海外の比率は九十二対八くらいですが、日本人と日本の企業が九〇％以上持っているうちは大丈夫という考え方があります。併せて、経常収支も所得収支も黒字なので海外の資産を買える力があります。買える力があるということは、最終的には日本人や日本の企業がお金を持っているということになります。加えて経常収支が黒字だということも日本の国債は大丈夫だといえる理由の一つで良いと私は思います。

では、ヨーロッパは、何故このようなことになってしまったのでしょうか。ヨーロッパの中でギリシャを例に考えたいと思います。ヨーロッパは北欧と南欧があります。北欧はドイツ・フランスなどの工業国で、特にドイツは金利が低金利で安定しています。南欧は観光産業が盛んです。風光明媚でバカンスには最高。土地を買ったりマンションを建てたりするために、ちょうど二〇〇〇年あたりから各国の人たちが、ドイツの銀行でお金を借りてギリシャの不動産を求めだし、バブルになりました。そのバブルが二〇〇八年のリーマン・ショックが起きる前に、各国・各金融機関が手を引き出しました。各金融機関は不動産だけではなく国債を買っていましたが、その国債も引き上げたのです。利払いだって大変なのに、元本の返済まで求められ、結果としてギリシャの国はバブルが崩壊したのです。本来ならば焦げ付いた銀行を補てんするのが国庫金ですが、ギリシャのＧＤＰの四倍を持っている銀行が傷んでいます。その銀行を国で助けようと思っても、ギリシャの国の銀行の中にお金がないのです。国債を還付して、利息を還付して、そのため、国自体の存続が危ないという事態に発展していくという悪循環に陥ってしまったのです。この点はまったく日本とは違います。日本は、外資系のパーセンテージが上がらない限り安泰と思います。

　それから個人資産が千五百兆円あるということも非常に力強いと思いますが、その日本が、国債を持っている人が目減りして高齢者が預金できなくなったり、あるいは資産を減らしていくといったときに、日本人が国債から離れ、外国人が入ってきた時に（日本が投資の対象になるかどうかはわからないですが）ギリシャのようになる可能性はあり得ます。しかし、そういうリスクは小さいと考えています。

日本人の持っている預金・流動資産、当金庫でも多くのお客様から預かっています。一方で借りていただく先がない現状もあります。そこで、当金庫でも一部国債で運用しています。お預かりしている大事な預金をリスクのあるもので運用することは私自身のポリシーとしても当金庫の精神としてもできません。そこで、安全でリスクの少ない運用をしなければなりません。当金庫では国債と地方債がほとんどであります。利回りは悪い、だけど地道に努力はしていく、そういう姿勢です。基本的には日本の企業や銀行が国債を持っています。それから、日本銀行も国債を買っています。だからほとんど国の中で循環しており安定しています。日本の国債はそこが安全でもあり、課題でもあります。

これからの信用金庫に求められるものとは

最後に、第二回の講演のまとめとして、企業はこれからどうしたらいいのか、私見を述べたいと思います。

一つは、企業の社会的責任、企業はどんなことがあっても絶対に存続していかなくてはならないと思います。社会的責任というのは、ボランティアをやるとか社会貢献をするとかもありますが、その会社が存在し続けるということも大きな社会的責任であります。その地域に存続し、社員を路頭に迷わせないということも社会的責任であり、そのために経営責任を全うする必要があります。これが私でいう渋沢栄一の論法をもってすれば、しっかり経営責任を果たすことができるのではないかと考えています。

それから、中小企業は経営活動のエンジンだということです。私は、どうやって中小企業が生きていけばいいのか、自分でも横須賀市内の友達や経営者の仲間で勉強会を作って、いろんな話し合いをしています。メガバンクがあって地方銀行があって信用金庫があります。信用金庫は乱暴な言い方をすれば金融機関の中小企業です。どんどん大企業に押されています。昔は信用金庫なんて馬鹿にされていたのではないでしょうか。「預金の利息はそれなりにつけてくれるけど、貸出の金利が高いからあんなところで借りたくはない」。そう思われていたのではないでしょうか。今はメガバンクも地方も信金もレートは一緒、むしろ信用金庫の方が安い時もあります。つまり、もう柵なんかなく、同じ土俵で戦っています。だから中小企業の一つとして、うちの信用金庫が生き続けるためにはどうしたらいいかを考えています。講演もお願いされればどこにでも行くようにしています。それは、自らの口で経営内容がしっかりしていると宣伝するための手段です。同時に、当金庫らしい経営理念を周知しています。

昔は中小企業といえば親会社に財布の中身まで見られているような会社でした。しかし、これからは、中小企業が内容を変えていくのです。ここの会社は中小企業だけど、ここにはこういう理論がある、強い理念がある、製品がある、技術がある、あるいは人柄がいい、地域の中であの社長は貢献している、このように、良い面をたくさん入れて新しい中小企業像を作っていくのです。昔のようにただ単純に仕事をもらうだけの中小企業ではだめだと思います。

これは、簡単に言うけれど非常に大変なことだと皆さんは思われるかもしれません。確かに大変ではあります。でもそうしていかないと生き延びられない、これが私の企業論です。生き延びていく上に必要なのは経営技術と理論・理念がしっかりしているということです。経営技術というのはそれぞれが駆使していくものですが、理論・理念は私の場合は渋沢栄一です。この会社は素晴らしいという中小企業になる。この会社なら、あの社長なら買いたい。あるいは、あの従業員は非常に感じが良い。あの会社に行ってものを買いたい。あるいは、安い、良いものがある。こういうもので「独自色」を出していくことが必要だと思います。

若者を取り巻く環境

それから若者を取り巻く環境ですが、これは非常に難しいです。今は学校を出ても仕事に就けない、働く場所がない、そういう環境にあります。高度経済成長期のようにどこの企業でも受け入れてくれた、いっぱい来すぎて養成所のようになっていたあの時代はもう来ないでしょう。その場合、若者はどうやって活路を見出していくのでしょうか。二百万円や三百万円という収入でどうしたらいいのでしょうか。あるいは仕事がない、あってもフリーターやパート、そういう状況の中で、これからの若者の生きる道は何なのでしょうか。これは、私も軽々しくは言えるものではありませんが、一つには、政治の力が必要であると考えています。

この話をするのは非常に時間がかかりますが、私たちが若かった頃とはだいぶ違うことは事実であります。昭和四十七年、私が入社したときの、給料が年に一万円ずつ増えたような時代はもう来ない。そして、どこに就職したらいいか選択が難しくなってきたと思います。

少し視点を変えて、今、労働力を必要としている職場はどこかと考えると福祉関係です。福祉関係の職場では若者を求めています。実は重労働、フットワークの良い、健康な、活動力の強い、そういう若者を求めている職場はいわゆる福祉関係です。ところが、福祉関係の予算というのは、補助金をもらってその中で経費を使っており、しかもこの産業は成長産業ではないという現実があります。福祉サービスの提供を受ける方は、年金から払っています。これでは付加価値をつけて売って、利益を出す成長産業とは違ってしまうのではないかとの懸念があります。拡大はしています。拡充はしており、件数は増えています。しかし、私がいう成長、ニューマネーを生み出す成長には年金と国債の関係のように、年金と補助金の範囲内であれば、生み出しているとは言いにくいと感じています。

福祉関係事業は産業なのかという質問に対して、利益を生み出すことが産業とするなら、利益は出しています。どこに還元されているかというと、困っている人の支援には還元されていると思います。しかし、一番肝心な従業員・社員に対しては一般会社の賃金値上げに比べて少ないのです。しかも、必ずしも安定しているとは言い難い環境にあります。福祉関係では固定正社員よりも時間給を望んでいます。これでは成長していくには難しいと思います。

女性の社会進出

当金庫でも女性の登用は、課題の一つです。偉そうなことを言っていますが、現在、当金庫で女性の管理職は二名しかいません。私の代になって二名。少し前までは一名もいませんでした。先日の人事異動で、思い切って管理職候補である支店長代理・課長代理に女性職員を大幅に増やしました。

昔の経済を考えると、旦那さんが働いて給料をもらってきて、奥さんに渡す。奥さんは質素倹約を旨として一生懸命貯まるように努力する。この貯まったお金で生活を豊かにする。これが典型的な家計でした。しかし、それでは経済は伸びません。少子高齢化のなかで（最近は女性の登用を言っている政党もあるようですが）経済を成長させていくためには、女性が自ら働いて稼いで自ら使う、それしかないと考えています。

そのために必要なことが二つあります。一つは、女性の活躍の場を社会が作ることです。当金庫でも少し前までは、女性の職員は結婚したらほとんど辞めていましたが、今は辞めません。子供を産んでも辞めないで働いてくれています。女性がそれだけ社会の中で定着し、生産労働人口になっています。そこに例えば職位を与えて、給料を上げることで、女性の支出を増やすことも必要です。以前、男性も女性も同じように入ってきているのに、なぜ男性のほうが早く偉くなるのかと女性の職員から言われたことがあります。考えてみるとなるほどそうだなと思います。これまでは、そのための場所を与えてあげていなかったからで、だから、活躍もできなかったのです。場所を与えてあげることが大事だと思います。給料が上がっていけば支出も増えていき、GDPも上がっていくということになります。

もう一つは、子供を預ける場所を、政府や国が責任を持ってしっかりと作るということです。国がそれを確保し、そのうえで企業が女性を登用する、そのことが大事だと思います。

それから、男性が頭を切り替えることも大事です。帰ってきてだらだらしているようではだめですね。お茶碗を洗う、洗濯したら干す、そのように頭を切り替えて男性も家事をするようにしないと日本の経済はよくならない。男性が固定観念を捨てれば、結果として女性進出を可能にし、日本の経済がよくなる。私はそう考えています。

今日は経済に関する話をしました。経済という観点で大事なこと、それは壊す経済をしてはいけないということです。壊す経済をしないように努力をしていくことだと思います。それから、会社の経営者は、職員や従業員のために取り組むことです。職員がしっかりしていれば、ちゃんとした利益も上げられるし、配当も出すことができます。

私は、お客様や株主と同様に職員が一番大事だとはっきりと言っています。職員もそのことを理解してくれていると感じています。これが、渋沢栄一の理論・理念に基づく経営・経済であると私は信じています。

第三回講演（平成二十四年十一月八日）

このセミナーも三回目を迎えることになりました。最終回である今回は、最近の情勢等に対して、私自身の思いや渋沢栄一の『論語と算盤』をもとに実践的活用法について述べてみたいと思います。

儲けるチャンス

昨今の日本の一部の大企業の大幅な赤字、売上減、それを見たときに中小企業の厳しさは前からありましたが、大企業が引っ張って何とか保たれていました。しかし、あれだけ大企業が赤字になると日本の国力に対して将来も大丈夫とは言えなくなるのではないでしょうか。その背景として、若者たちと就職の問題があります。わかりやすく言えば、昔はみんなが職にありつける、儲けることができました。それを象徴しているのが車です。アメリカのフォード、ＧＭが作っていた昔の車、大型車、映画に出ていたような車一台作るのに、バンパー一つにしても金属製で大きさが違います。後ろにはランプだけでいいのに、ワザと羽のような形にして、豪華にしています。あれ一つをとっても、板金屋は三倍います。部品の鉄板も三倍。それから、タイヤ自体も黒いものにわざと白いものを巻きます。エンジンだって二重に作っています。エンジンも五千、六千ｃｃ。エンジンは中でガソリンと空気を混ぜて車を走らせますから、当然そのための部品がいっぱいくっついています。車内も、日本の車は特にそうですが、いろんなものが至れり尽くせりでくっついています。この時代が終わったのです。最近はやりの電気自動車は電気でモーターを動かしますから、ガソリン車と違って部品が少ないのです。鉄工所のおじさんがモーターを作って、タイヤ、ハンドルを作れば車は走れるようになります。すると仕事にありつけるチャンスというものがなくなる。ということは、そこから生まれてくる経済、ＧＤＰは上がりません。つまり儲けるチャンスそのものが少なくなってきているのです。

これから成長戦略経済となるために、新しいお金を生み出す経済をどうやって作っていくか、この点については十分に検討が必要になります。お金を持っていない人は、毎日の食事すらままならないという状況ではありませんが、買うものを躊躇する時代に入っています。財政が豊かではない、国民も貧困化している感じがする今日において、私みたいに小さな才能しかない人間が考えつくのは、たとえばオリンピックをもう一度開催するといった大きな目標などがあればそこに向かって経済は集中する。世界中からお金も入ってきますから、こうなればいいでしょう。しかし、今の状況では、当面の間は高速道路のメンテナンスをしっかりやるとか橋をしっかり補修するとか、そういった方法に活路を見出して、そして内需を盛り上げて経済を一％でも上げていくという考え方をとっていくしかないと私は思っています。

大きな政府、小さな政府という考え方でいけば、ケインズの考えは大きな政府でした。政府が公共投資してどんどん仕事を作って民間に出して経済を盛り上げていく。また、小さな政府は口を出さなくていいと、フリードマンやハイエクは言っています。民間に任せておけば、民間同士でいろいろやって、仕事を作って儲けていくとしていますが、これは実際にはなかなかできないことです。信用金庫ではビジネスマッチングをやるところが増えていて、もちろん、当金庫でも取り組んでいます。我々がお客様を紹介して我々がお客様を連れてきて、それでマッチングさせて商売を作っていこうというのです。この発想は景気のいい時代にはありません。

もう一度、経営の理念を考える

そういう経済状況の中で、職員、社員に迷惑をかけてなおかつ、社会に迷惑をかけた会社の社長もいます。経営の状態が悪くなって、世界経済が悪くなっても、トップの理念がちっとも社員や社会を向いていない。関心があるは自分の懐だけです。こういう社会であっていいのか。私は絶対にダメだと思います。

今の時代はある意味では、相当自分の中に強い信念とか理念というものを植え付ける努力をしないと。これは自然に植え付けられるものではなくて植え付けていく努力が不可欠です。その模範となり目安となるのが、私の場合は渋沢栄一なのです。

当金庫の新入職員には、最初の研修で何が当金庫の理念なのかという話をします。当金庫の本部の前に二～二・五mの道路があり、そこに信号があります。車なんてほとんど通らない道です。「たとえ車が通っていなくとも、誰も見ていなくても信号をきちんと守りなさい、それが当金庫の理念なのだ」と話をするのです。金庫内で偉そうなことを言っていて、自分が守らなかったことに反省したこともありました。絶対に赤信号は渡らないという理念を会社経営の中にしっかり持っていくこと、これを誘導してくれるのが渋沢栄一なのです。

論語を学ぶ

さて、論語を学ぶとは、論語に書かれている言葉の解釈をみんなで勉強するものです。論語の原文に日本語の注釈をつけるのですが、その注釈をどういうふうにつけてどう解釈していこうかというところが、論語を読んでいくうえでの楽しみのようです。そこで私も「論語をこういうふうに解釈します」、ということを今日はお話ししたいと思います。

私はいつも言うのですが、人間はバランスじゃないかと思っています。何かに傾いている、いつも上下に動いている人。そういう人はたくさんいます。へつらったり、いつも世の中に合わせて生きていく人を私はあまり評価しません。それに価値があるとは思えないからです。

夏目漱石の『草枕』の冒頭には「智に働けば角が立つ。情に掉させば流される。意地を通せば窮屈だ」とあります。智に働けば角が立つ。これは確かに、知識の話ばかりしているのでは世の中は渡れません。言っていることは合っているけど、何となく嫌い。そのように思われてしまいうまくいきません。智がだめなら情でいいかというと、情は必要であるが、情にたっぷりつぎ込んでしまうとまったくただのお人好しになってしまいます。特に我々金融機関はご融資をするのに情を挟んでいてはいけません。きちっとした経営分析と判断が大事です。情というものをバランスよく扱わなくてはなりません。それから意。意地を張るということは必要なものです。どういうことかというと、最低限これは自分のポリシーとして持っている、ここは譲れないというものをみんな持っているのです。経営者でも、サラリーマンもです。これをバランスよく持っているということは、世の中をうまく渡っていくこととは違います。自分の意志を通しながら、気持ちと知的部分を兼ね合わせて世の中を歩いていく。しかもそれが後輩や部下や仲間の人を支えながら、支えてもらいながら生きていくということ。これが大事だと思っています。

私のポリシーは三食食べられて、普通の服が着られて、借金がないこと、それで良いと思っています。私は子供に財産を残すためにその財産を作っていこうとは思いません。お金を貯めるための行為、お金をたくさん持つための行為をあえてする必要はないと思います。

講演中の著者

私が今一番気を付けているのは、私自身が慢心にならないようにということです。つまり、謙虚であれということです。当金庫の現状をみると、業績も良くなってきた、自己資本も順調に蓄積されています。おかげさまで調子が良いようです。そういう時に、こういう所でお話をさせていただくと、お話を聞いた方からお褒めいただくことがあります。ここで、慢心になってはいけない、と思うのです。理事長という立場にあるため、私にガツンと言う人は減ってきています。昔はもう年中怒られていて、その度に反省していました。今は社内で言う人はもういないのではないかと思います。もちろん、中にはいますが、お互いの立場があってなかなか言いにくいのも現実です。例えば横須賀市内でいろんな人とお会いして、そこで注意された時に謙虚に聴く気持ちを持つこと、これを自分が謙虚に受け入れなかったならば自分の実にならないと思うのです。このことが大事だなというところを、私は論語から学びました。もちろん、これまでもそう教えられて育ってきましたし、そこに価値があると思ってはいましたが、論語を読んで改めて強く感じた。これが今の私にとっての論語なのです。

論語とはなにか

ここまで、渋沢栄一の論語について話をしてきましたが、果たして論語とはどういうものなのか。少し説明をしてみたいと思います。

日本の場合は、論語は宗教だと間違えられるようですが、論語は宗教ではありません。編纂されたのがいつなのかははっきりわかってはいません。孔子の死んだ後に弟子たちがいろいろな話をして、孔子はこんなことを言っていたということを皆で集めながら集大成してできたものがこの論語です。誰かが一人で書いて作ったものではないのです。代表的な注釈、日本でも現在注釈書が沢山出ています。代表的なのは魏で、魏の何晏《かあん》という人が『論語集解《ろんごしっかい》』(注1)というものを作りました。南宋の朱熹《しゅき》という人が『論語集註《ろんごしっちゅう》』(注2)というものを作りました。日本では伊藤仁斎、荻生徂徠が有名です。渋沢栄一以前に論語を勉強していた日本人はたくさんいます。しかしあまりに古い時代だったため、それを体系的にまとめて世の中に出していくことができませんでした。

『論語』は『大学』『中庸』『孟子』と並ぶ中国四書の筆頭であるとされています。『孟子』は孟子の教えをそのまま書いています。『中庸』というのは人間は本来こうあるべきだという、哲学のようなものです。『大学』というのは行政と言ったらわかりやすいでしょうか。昔の中国の官僚の試験、科挙を受ける人は、ほとんどこの『大学』『中庸』『孟子』『論語』を勉強して試験を受けていました。

この四書のうち、誰もがわかりやすいという意味では、論語が筆頭だと思います。二千年にわたる儒教の経典でもあります。論語というと、とっつきにくくて、真面目で、世の中に迎合しないで、谷か山の仙人みたいな人が道徳を説いているという風に思いますけれど、実はそうではありません。先ほど申し上げたように道徳が中心で、人としての生き方と捉えると親しみやすいものです。読んでいてこれを学問的に捉える必要は全くないのです。毎日の生活の中で、私が言った一言で時々「失敗したな」と反省することがあります。論語の中には、こういう風に反省をすること自体は良いことだとか、そういうことが書いてあるのです。日常の中で起きていることが書かれているので、何も難しいことはありません。

私は立場上、多くの方の前で話や挨拶をする機会が多くありますが、この中で挨拶が大失敗だったということがありました。これは今でも反省して、来年も忘れないように文章に残してあります。来年もその場で挨拶する機会があるので、その時こそは今年の二の舞を踏まないようにと思っています。
人としての生き方みたいなものを反省する材料として、論語というのは歳を召された方には安心、友だちには信じられ、若者には慕われる、こういうものが論語なのだと言っています。その通りだと思います。

孔子の教え

次に、論語にある孔子の教えについてお話ししたいと思います。

「子曰《しいわ》く賢《けん》を見ては斉《ひと》しからんことを思い、不賢《ふけん》を見ては内に自ら省みるなり」

優れた人物を見たら自分もそうなりたいと思います。しかし、どこか欠点を探してしまうものです。そのようなことをせず、すごく立派な人なのだというのをそのまま受け入れてしまえば良いのではないかということなのです。自分で考えて、優れているという部分については私もそうありたいなと思います。その解釈が私としては一番良いのだろうと思います。

それから劣った人を見たら自分にもその人と同じようなところがないかと反省してみる。ここが難しいところです。劣っているかどうかはわからなくても考え方が違ったりした時には、それは自分の鏡だと思い、「きっと私もこの人と同じ面を持っているのだ。だから多分私が話をしても嫌がっているのだろう、あまり良い印象を持たないのだろう」というように反省したらどうか、そういうことです。これは実にその通りだと思います。自分の姿を鏡で見て尺度としても駄目で、やはり世の中に出て他の人と一つの議題について話をしていく中で、自分と他人を比較対照して自分を自分で採点していくことが重要だと思います。

「子曰く、人の生《い》くるや直《なお》ければなり。之《これ》罔《な》くして生くるは、幸《さいわい》にして免《まぬが》るるなり」

人の価値は正直さにあります。正直さがなくて生きているものがあるとしたら、まさに偶然の幸いであり不幸から免れているに過ぎません。これも正直ということが大事に思います。私たち金融機関には不祥事の発生という問題があります。お金を扱っている以上、いろんなトラブルがあります。その時に一番信頼できるのは、正直に報告してくれる職員です。正直ということがいかに大切か。

私はいつも職員に「保身を図るな」と言います。失敗したら「失敗してしまいました」と、「こういうことがありました。申し訳ありません」と先に言ってしまいなさいと。隠したり、見て見ぬふりをしたり、嘘をついたりすると自分が苦しいだけだと、そういうことをいつも言っています。馬鹿正直では駄目だとよく言いますが、私は、人間は馬鹿正直の方がまだ良いと思います。サラリーマンは得てして将来を予測したり、怒られたりしてマイナス評価を嫌がります。だから正直に言うのを嫌がり、隠したがる。それでは駄目で、正直に言った人間をガンガン怒ったり左遷させたりする上司は、上司の方が悪いのです。その上司にもっと論語を勉強してもらったらいいと思います。

「子曰く、約《やく》を以《もっ》てこれを失《しっ》する者は、鮮《すく》なし」

自らを戒めて失敗した人はほとんどいない。自分が悪かったのだという風に反省して失敗はないということであります。

「子曰く、君子は言《げん》に訥《とつ》にして行《おこない》に敏《びん》ならんと欲す」

君子は言葉がゆったりして慎み深くてもすばやく実行しなくてはならない。これはよくあることです。地位・職位が少し高くなると「偉そうにゆったりと喋ることが貫禄があるのだ」というように喋る人がいます。そんな人に限って事が一旦起きた時に判断力が弱かったり、遅かったりします。普段周りに部下が動いてくれていても、いざとなったら自分が陣頭指揮をとって火の粉を浴びなければなりません。勇気があって素早く行動できる、そういう人が君子なのです。

何か問題が起きた時にこれが嫌だと逃げていたら理事長は務まりません。私が専務時代、お店でお客様からものすごくクレームが付いた時、支店長ではどうしようもないから本部から呼んでこいと言われることがよくありました。そういう時には私が行きます。それで頭を下げて「すみませんでした」と一生懸命、誠心誠意謝るわけです。

そうすると、「専務が来て謝っているのだから、もうしょうがない」と言って済むのであります。よく金庫の看板を背負っている専務がすぐに行くのではなく、課長が行って部長が行って常務が行って、とすれば良いのではないかと言われたりもしますが、それでは時間はかかるし形式主義だし、駄目だと私はいつも言っています。理事長になっても行ってしまおうとするので、さすがに専務や常務に行くなと言われますが、もし、誰も言わなかったら今でもすぐに行って謝ってきてしまいます。その方が早いし誠意が通じると私は考えています。

「子は温《おん》にして厲《はげ》し、威《い》あって猛《たけ》ならず、恭《きょう》にして安《やす》し」

孔子は穏やかな中にも厳しさがあり、威厳はあっても荒々しいところはなく、謙虚で礼儀正しく物腰が静かです。論語を通して孔子という人物を見ていると、人間の内面はわからなくとも目に見える人物はこの通りだと思います。職位が高くなればなるほど謙虚さというのは必要なのです。実るほど頭を垂れる稲穂かなと、日本でも上手いことを言うものですよね。実がいっぱいつく、そういう職位につけばつくほど頭を垂れなさいと。あれは、姿ではなく気持ちの問題です。

「子、四《よっ》を絶《た》つ。意《い》なく、必《ひつ》なく、固《こ》なく、我《が》なし」

当金庫で何か問題があると、「理事長こういうことがあります」「こういうことを言われているよ」ということが耳に入ってきます。たとえば職員がこういう失敗をしている、あるいはこういう風にお客様から怒られていて、苦情が入ってきているということがいやでも耳に入ってきます。そこでその時には、それが真実かどうかを確認してこいと必ず言います。なぜなら物事が起きてしまった時に、それが真実かということなしに解決策は見つからないからです。嘘が混ざっていたり誇大された情報では、解決を間違えてしまいます。だから事実かどうかを確認するために、お客様の所へ行ったり、怒られている本人と話して事実の確認をしなさいといつも言っています。これは会社に勤める人も経営者にも言えることです。何でもすぐに肯定して「わかった、その通りだ」と言うのはよくありません。

それから、「意地を張る」ということは生きていく上でとっても大切なことですが、意地を張ることで世間を狭くしてしまうこともあります。意地がなくただ流される人でも困ってしまいますが、頑固さと意地を張るとはまた違うものです。意地を張るというのは、もっと精神的なものです。それは一見良さそうに思われますが、意地を張るべきものを間違えたら駄目。やはり弾力的に、何にでも一つの理解力を示していくことが大切です。

それから、自分だけが正しいと思わない。このことは何度も申し上げています。自分の言うこと、やることが正しいと思ってはいけません。

経済政策や経済理論といったものは一つの学問の体系の中から割り出しているので、分析したことにあまり間違いはありません。経済学の中のデフレ・インフレの形態といったものは行き着くところの解釈は大体同じです。ただ人間の心の内面的なものについては自分だけが正しいと思うことほど危険なものはない。皆の意見を聞いて、耳を傾けて、それでいてやはり自分の意見の方が正しいと思う、そういうプロセスを踏むことが大事かもしれません。それは非常に根気がいります。そういう矛盾みたいなものに耐えていくことはなかなか大変なことです。

「子曰く、人にして遠き慮《おもんばか》り無ければ、必ず近き憂《うれ》い有り」

やはり自分もそうですが、先の先を考えます。信用金庫経営、かながわ信用金庫をどう経営していこうかと。経済は以前とは全く違うものになっています。このため、これまでの経営理論とも違うものとなってきています。たとえば信用金庫がお客様同士をマッチングして地域経済のために働きましょうという考え方は今までなかったものですが、そうしないとこれから地域の中で信用金庫の存在感がなくなってしまうのではないでしょうか。

今、存在感ではもう駄目だと職員に言っています。存在感ではなく〝存在力〟をこれからどんどん強くしていかなくては駄目だと言っています。従前のような経営手法のままでは信用金庫はやっていかれません。私は、信用金庫は金融機関の中の中小企業だとよく言っています。その中小企業の親父がお金を貸してあげているからといってふんぞり返っていては良くありません。明日の我が身には落とし穴があるかもしれない。先を考えないと競争に遅れていってしまう。必ず災いがくるものです。そのくらい厳しい時代が到来しています。

「孔子曰く、君子に侍《じ》するに三愆《さんけん》あり。言未《げんいま》だこれに及ばずして言う、これを躁《そう》と謂《い》う。言これに及びて言わざる、これを隠《いん》と謂う。未だ顔色《がんしょく》を見ずして言う、これを瞽《こと》と謂う」

つまり、君子に仕えて犯しやすい三つの過ちとして、言うべきではないのに言ってしまう軽率さ、言うべきなのに言わない隠し立て、顔色を窺わないで言ってしまう盲目、この三つがあるとしています。これはまさしく会社に勤める人間のお手本みたいなものです。社会の中で円満に歩いていく、そういう一つの原理・原則なのでしょう。しかし、こういったことを実践していればその人は偉い、と言えるのでしょうか。たとえば、三つの過ちのうちの言うべきでないのに言ってしまう軽率さ、これはサラリーマンとしては致命的です。場所を選んで建設的な意見として言うには良いかもしれませんが、それをとんでもない時に言ってしまう。これは典型的な失敗であります。上司の目から見るとこんな人がもし部下にいたら嫌になってしまいます。こういう人間はいてもらいたくないと思います。軽率という言葉を字引で引いても、褒め言葉では載っていません。だからやはり良くないのでしょうね。言ってはいけない時に言ってしまう、やってはいけない時にやってしまう。これは軽率さで、実はこれは軽いものだと。人間は重くなっていかなくてはならないのに軽くなっては駄目だということです。

それから言うべきものを言わない、これは隠し立てというよりも、言うべき時には言わなければ駄目ということを言います。孔子ぐらいになると周りに弟子がたくさんいるから、格好の良い質問や孔子が喜ぶような質問をします。そうではなくて、やはり言うべき時は言うことが大事です。それはとても勇気がいることで、身を滅ぼす時だってあります。でもその覚悟がないなら言わない方が良いと思います。サラリーマンの世界というのはいろんな人がいるから、その中で一言物申すというのは三人くらいを敵に回すことになります。反対の人は絶対いるものです。すると、反対意見の人同士で群れて、一致団結する。たとえば「平松がこんなことを言ったから、みんなで足を引っ張ってやろうじゃないか」と夜にビールでも一杯飲みながら集まって話したり。孔子の時代からあったということですね。やっぱり「言う」は非常に難しい、しかし言わなければ駄目な時はあるんだと、私はそうやって言ってきました。

それから顔色を窺うというのも良いことではありません。人の顔色を窺ってそれに沿うようにして意見を言う、こういうのを盲目で駄目だと言っているのです。私に言わせると、孔子に文句を言うわけではありませんが、確かに人の顔色を窺って良いことだけを言うのも良くないと思います。しかし顔色を窺いながら嫌なことをずけずけ言うのもやりにくいと思います。ある程度の機転や気配りみたいなものがあるほうが良いのではないでしょうか。

以上、いくつか孔子の教えを紹介してきました。孔子の言ったことは毎日の生活の中での人間学と行動学です。昔の経営者や若者たちはこれを読んで、どうやって世の中を渡っていったら良いかを考えたのです。

『論語と算盤』　概要

『国家の品格』という本が何年か前に流行りましたが、渋沢は国家の品格ではなくて経済人の品格という意味からこの論語というものを勉強していったのだと思います。

私も『国家の品格』を読みましたが、非常に意味深いものがありました。渋沢は国家ではなくて商業人、実業人、経済人の品格・品位というものを『論語と算盤』に求めています。そこで、渋沢を理解するためには、渋沢が論語をどう解釈しているのかを知っておく必要があります。

先程そんなにお金を貯める必要はないのではないかと申しましたが、その富を成す根源は仁義・道徳・正しい道理の富で、これらがなければその富は完全に永続することができないとしています。非常に理想主義者です。私は最初、渋沢の言っていることがよくわかりませんでした。何を言っているのだと。富に色はない。つまりお金に色はないのだから、何色でなければならないとかそういうことがまかり通っていいのかという感じがしていました。子供の代にこの富を繋いでいきたい、永遠にこの富を繋いでいきたい。当然の成り行きとして富の永続性を人間は求めます。しかし、富はそこそこでいいと思えば、富の永続性を求める必要はなくなるのではないでしょうか。

それから論語には己を治めずして人に交わる日常の教えが説いてあります。論語は最も欠点のない教訓だと私は考えていますが、渋沢は論語を頭の片隅に置いて論語の教訓に従って商売し利殖を図ることは経営の失敗する可能性が少ない、だから論語なのだということを言っています。私もそう思います。つまり、論語の持つ抑止力というものを少しでも知っていることが大事だということです。理事長になって、暴走したりあるいはこうやりたいと私が我儘を言っても止める人がいなくなってしまったら駄目なのです。私の場合、専務や常務がいますが、しかし、私に面と向かってどうこうとは言いにくいようです。だからこそ、自らこれは駄目なのだなと、こういうことをやってはいけないのだなと、こう思ってはいけないのだと抑止力というものを自己の中に求めていく。そういうことが社長とか経営者には必要です。経営であるから会社のために良いと思うことはとことんやるということも必要でしょう。その度量と技術力と太っ腹なところも持ち合わせていないと、経営というものはできません。その代わり、引っ込む時は謙虚に引っ込んで、これは駄目だと反省する時は反省するバランスを持っていないといけません。

そして、人は皆平等であるということ。平等であり、礼節があり礼儀がなくてはなりません。これは間違いないことです。格差や貧富の差があるというのが今の世の中です。しかし、それよりも、人を騙す、あるいは約束を守らない、あるいは積極的に組織を壊す人の方が私は付き合えないと感じます。人間皆平等。これが渋沢栄一の論語の一つの捉え方です。

我一語の意見争いは決して、絶対に排斥するべきものではなく処世の上にも必ず必要なものであるからと信じる。これはどうでしょうか。争いを頻繁にしていては駄目、そもそも喧嘩や争いをしては駄目だというのが一般的なのだと思います。しかし、渋沢は決して争いを排除しては駄目だ、いいじゃないかと言っています。争いをする中から、成功が生まれてくるものです。処世の中でも、そういうものが必要なのだと言っているのです。前にお話ししたように渋沢は大隈重信、井上馨とはうまくいきましたが、大久保利通とはうまくいきませんでした。大久保利通というのは明治の元勲ですが、その人相手でさえも喧嘩したわけです。つまり、事を前にしてはたとえ上司であろうが「ごもっとも」と手を打っては駄目だと言っているのです。これは大変難しいことです。

得意の時代だからって慢心しない。失意の時代だからといって落胆せず情操を持ち道理を見る。得意の時代も失意の時代も、自分というものを失わないようにしなさい。大事と小事を分けてどちらかといえば小事の時にしっかりとそれを研究し、大事にならないようにしなさいよということをここで言っています。これは我々も皆様も同じですが、小さい時の災いを早く解決することが大事に至らないということです。これは、昔から言われていることであります。

それから、いかに人の品性は円満に発達せねばならぬものかということで、あまり円満になりすぎると人として全く品位のないものになるとしています。どうでしょうか。成長の過程で品性というものが円満に成長してこなければならないとは言っていますが、円満であるばっかりで先程のように情に棹させば流される、情が異常に高いとただのお人好しになってしまう。お人好しは品位ではありません。これも渋沢の実生活の中からきた論語だと思います。

渋沢を読んでいると、こういう毎日の仕事の中でなるほどそうだなと思うことがたくさんあります。周りの人はおだてますから、そうするとそれに乗っかって謙虚さや抑止力がなくなっていきかねません。それが実は人間の品位を低くしていくことになります。しかし、得や褒められることといった目的のために自分を高めているわけではありません。私は自分を高めているとか、そんな偉そうなことは言えません。しかし、渋沢の訓言を読んで一つ一つ理解していけば、人様に言われなくてもまた自分で気が付かなくても、あるいは金庫の経営判断をする時に良い方に働くのではないかなと思います。

自分で信じるものは持っています。しかし、それは誰かに褒められるためにやっているのではありませんし、それだけの力がない。また、それだけの人物ではないとも思っています。まだ成長途中、もしくは、成長しているかどうかもわかりませんが、何かの途上ではあると思います。

全ての人に不断の勉強を望むと同時に、自らも事物に対する平静の注意を怠ることのないようにしなければならないと考えています。李下の冠、という話がありますが、この話は要約すると細心の注意を払って生きなさいよということを言っています。李下の冠にはやらなくていいけないことが四つくらいあります。全てやっていると周りが気になってしまって何もできなくなりますよ、しかしその位の注意を払いなさいよということを言っているのです。何かを勉強していくと、必ず一つの自信が湧いてくるものです。しかしその自信が実は大きな落とし穴になりうる。だから注意を怠らないように心掛けて下さいということが書いてあります。これに私なりの解釈を加えて、「自分に宿る慢心のようなものが必ず出る。そうすると自ら失敗をするから、そういうことに陥らないように注意をしておきなさい」と理解しています。ここは解釈の仕方が人によって違うところですが、私は内面的なものとして注意をしていくことに重きを置いています。心の中にある慢心で自ら崩壊していくことになるので注意しなさい、戒めなさいということです。そのことが大事だと思います。

信用金庫の将来的課題

最後に少し、当金庫の経営について話をしたいと思います。

横浜に十七店舗、横須賀に十六店舗あります。藤沢に十一店舗あります。逗子に一店舗、三崎に四店舗、綾瀬に一店舗、全部で五十店舗、お客様は五十五万人います。職員はパート職員も入れると約九百人以上います。家族を入れて約三千人が私の周りにいます。つまり、お預かりした資金を大切に運用して大事に経営をしていかなければならない。この責任をどうやって果たしていくかということが私の課題なのです。毎朝起きて六時ちょっと過ぎに犬のベックと散歩して、出勤する。ほとんど金庫の経営やお客様のことを考えています。一体自分には何が必要なのだろうかと、これからどうやって考えていったらいいのだろうかと、そんなことを考えます。信用金庫の経営手法がもう全然違ってしまったからです。したがって、自分で考えていかなければならないというところが増えてきたからです。そこで、考えるうえで大事なことは、信用金庫はこの地域の中で生きているのではなくて、生かされているのだということです。私自身もそうだし、実はかながわ信用金庫という金庫自体もこの社会の中で生かされているのだと思えば、当然行き着くところは謙虚にやっていくしかないということになります。

経営で言えば身の丈経営というものです。しかし、身の丈経営というのは格好の良いことで、皆すぐ使いたがる。身の丈経営という言葉は、文化人か知識人か有能な経営者というように思われるようで、日本人が物凄く好きな言葉です。私は身の丈経営五〇％、五〇％は何か新しい革新的なことを持ち込んで、新しい世界を作っていくことが大事だと思います。それが技法であり、そのための精神が、私の場合、渋沢であり、謙虚さです。

信用金庫は協同組織金融機関なので、株式会社と違って儲けることを第一主義に掲げていません。地域に合った、適正な利益を六十年間保ち続けています。これから競争していくのに自己資本、資本の充実が生き延びていくのに極めて大事です。株式会社とは違って、儲け、営利というものを最優先にしない協同組織金融機関ではありますが、営利を無視するということはできません。営利を出して配当をしっかり出して、そしてご預金にはしっかり利息を付けて、さらに職員に給料・ボーナスをしっかり払えるという経営をしていくことが大事です。その時に儲けるだけの、利益を上げるだけの精神でいるとやはり失敗が伴う。そこのところは十分に気を付けなければいけません。

それから、「徳は本なり、財は末なり」。これは有名な話なのでわざわざ言うことでもありませんが、お金というものをあまり過信してはいけないということです。孔子も渋沢も貧乏を奨励している訳ではなく、お金は適当に持ちなさいと言っています。有り余る程に持つ必要はないけれども、あまりにないのも困ります、ということで、営利は否定しないが、その代わりお金の儲け方と使い方については、十分な正義、義に合った使い方をしなさい、儲け方をしなさいと言っているのです。つまり、経営者としてのバランス感覚をしっかり磨きなさいということです。

これで、私の三回にわたる話を終えたいと思います。何回も言うようですが一つは技術論、経営技術とか或いは生き方術みたいなものがあると思います。そのことに知識等をプラスする。経験に知識を足すと知恵になると思います。経験＋知識＝知恵、この知恵がこれからは必要になるでしょう。そして技術論。その技術論をバックアップするのは、正義というか、理念というか、正しい心の持ちようというか考え方が裏付けとして最も大切です。しかし、自分を省みてもそんな風にはなかなか生きられません。私自身、欠点だらけの経営者であり、欠点だらけの人間だと思います。経営者で欠点だらけと言うと心配されそうですが、失敗も多くあったと思います。

これまで自らの思いを自らの言葉で話す機会を増やしてきました。その際には、嫌味のないように、それから偉ぶっているとか偉そうだとか言われないように気を付けることが大切だと常に心がけています。なぜなら、皆様の大切なお金をお預かりして商売をしているからです。同時に、人間皆平等を大事にした渋沢から学んだことでもあります。

渋沢栄一『論語と算盤』を学んで得た結論を、私は新しく役員になる人に「役員十ヶ条」として就任前に渡しています。

これからも、あまり目立たないような信用金庫であっても堅実にやっていきたいと思います。また何かお話のチャンスがあれば呼んでいただければどこへでも行ってお話したいと思います。いろんなことを皆様とお話ししながらこの横須賀を良くして、そして社会が良くなって、暮らしやすい社会にしていければ良いと思っています。

三回にわたってありがとうございました。

（注1）『**論語集解**』（**ろんごしっかい**）　中国後漢末期から三国時代の魏の儒学者である何晏（かあん）等によるものとされる『論語』の注釈書。朱熹による『論語集注』の「新註」に対して「古註」と称される。完本として伝わる最古の『論語』の注釈書である。

（注2）『**四書集註**』（**ししょしっちゅう**）　南宋の儒学者、朱熹（しゅき）の主著で、「四書」に関する注釈を収集整理し、さらに朱熹自身の注釈を加えた『大学章句』『中庸章句』『論語集注』『孟子集注』の四編の注釈書。朱子学に重視され、宋代以降の中国近世社会でもっとも広く読まれた書とも評価される。『四書章句集注』ともされる。

あとがき

私は神奈川県を主たる営業区域とする、かながわ信用金庫理事長を職としている。今年で当信用金庫に勤務して五十年、二〇二一年の今年は創立七十周年にも当たり、この記念すべき年に本書を発行できたことは私の望外の喜びである。

二〇〇八年（平成二十年）六月に、当時の三浦藤沢信用金庫理事長に就任した。今年で十三年理事長を務めている。この間、リーマン・ショック、東日本大震災に見舞われ、いままさに新型コロナウイルスの感染拡大で大きな危機に直面している。経済不況、自然災害、疫病、長引く金融緩和等、信用金庫を取り巻く経営環境は大変厳しい状況下にある。

二〇一四年一月六日に「三浦藤沢信用金庫」から「かながわ信用金庫」へ名称を変更した。営業店の出店は、二〇一四年に県央地区で初の綾瀬支店、二〇一七年横浜関内に基幹店舗である横浜営業部、横須賀の長井支店、二〇一九年に藤沢地区の羽鳥支店、二〇二〇年に発展著しい横浜駅西口に五十店舗目の横浜西口支店を開店した。六年程で五店舗出店したことになる。

二〇二一年三月には創立七十周年を迎えたのと同時に増収増益の決算となり、六十九期連続黒字を計上するに至っている。あらためて地域のお客様、総代、役職員の皆様に心より御礼と感謝を申し上げる次第である。

私は理事長に就任してから一貫して「強くてやさしい信用金庫」を経営理念としている。今では当金庫の庫訓となり、キャッチフレーズとして営業地域に認知されている。「強さ」とは財務内容が堅実で、地域において中心的役割を果たし、大きな信用と信頼を受けることである。同時にさらなる社会的責任を果たすべく、目下発展途上、奮闘中である。「やさしい」は地域、社会、顧客への還元でいわゆる社会貢献である。三十年以上にわたってボランティア活動を行い、三カ所で無料の地域イベントを毎年実施している。今年は地元の各自治体へ新型コロナウイルスの感染防止のための支援金を寄附する等、営利の一部を還元すべく実践している。

堅実経営を実践しなければ、地域や住民からの信用、信頼は得られない。温かさと優しさを持ち合わせないと「強くてやさしい信用金庫」にはなれない。営利の必然性を認め、地域、住民、顧客から受けた利益を地域社会へ還元することが私の信用金庫経営の基本的な理念である。このことは強い意志を持って実践してきた。

このような経営理念をどのようにして身に付けてきたのか…。はじまりは二十年前に遡る。二〇〇二年、代表理事である常務理事に就任した時、代表権の重要さに気付かされた。適正な利益を捻出しながらいかにして地域社会の中での存在力と意義を高めていくべきかを意識するようになった。

その時に出会ったのが渋沢栄一の『論語と算盤』である。しかし、まだ経営者としての責任感と使命感は希薄であり、渋沢栄一を深く追求することはなく、何とはなしに関連書を乱読していた程度であった。二〇〇五年専務理事に就任した時に、一人しかいない専務理事の責任の重さと経営者としての確固たる理念が身に付いていないことに気付き、本格的に渋沢栄一に取り組もうと思い立った。

『論語と算盤』以前に、論語の中心人物である孔子を知らずして論語を語れまいと思い、孔子について理解を深めることから入った。孔子の人物像がおぼろげでは、

『論語』は理解できない。

三年後に理事長に就任し、本格的に渋沢栄一と『論語と算盤』研究に着手した。

一連の研究は大変有意義であった。信用金庫に勤務し、実社会を経験し、役員、理事長に就任することで「学問と社会」を併走することができた。生きた学問を学べたのである。

二〇一〇年に『渋沢栄一における企業の社会的責任』と題し、論文を著した。あれから十年が経過し、二〇二一年は渋沢栄一を主役としたＮＨＫ大河ドラマ「青天を衝け」が放映された。二〇二四年には新一万円札の顔になる。今まで名前すら知らなかった人々が渋沢栄一に興味を抱き、日本の資本主義の父として再評価され、一躍時の人となったのだ。

私は、渋沢栄一の歴史人物伝ではなく、企業の経営理論、経営者としての理念、そして、信用金庫の社会的責任の見地から渋沢栄一を捉えることを主眼としてきた。十年前の論文にその後の信用金庫経営者として、横須賀商工会議所会頭としての経験等を付加し、信用金庫経営論を述べさせていただいた。当金庫の後輩役員、職員、そしてお客様へ継承していくことが私の責任であると考えたからである。

信用金庫経営者からみた渋沢栄一。特に地域金融機関として、中小企業と地域経済を支えている信用金庫の社会的責任について、私なりの考えをまとめたのが本書である。

本書の刊行に当たっては、渋沢栄一記念財団渋沢雅英前理事長をはじめ多くの方々にお世話になった。二〇〇九年十月に訪問した際に詳しい説明をいただき、本書の監修を快諾いただいた渋沢史料館の井上潤館長と、澁澤倉庫株式会社犬塚靜衛元会長に厚く御礼申し上げる。また、厳しい出版事情のなか、書籍化を督励していただいた神奈川新聞社の方々に感謝の意を表したい。そして細部にお手伝いいただいたかながわ信用金庫総務部蒲原真由美副部長と、粘り強く本事業を支えてくださった中井弘明社長、小笠原貴子さんはじめ弘文社の皆さんにあらためて感謝申し上げたい。

修士課程において渋沢栄一研究の指導をいただいた横浜市立大学廣田全男教授（当時）、村橋克彦教授（当時）両名におかれましては、貴重な教えをいただいたことを、いまに至るも深く感謝している。

最後に、亡くなってから今年で二十年になる妻幸子に本書を捧げたいと思います。激励してくれた長男晋と長女友里にも「ありがとう」のお礼を言います。

二〇二一年　晩秋

平松廣司

主要参考文献

1　土屋喬雄著　『渋沢栄一』　吉川弘文館　１９８９年
2　見城悌治著　『渋沢栄一「道徳」と経済のあいだ（評伝・日本の経済思想）』　日本経済評論社　２００８年
3　渋沢栄一著　『論語と算盤』　ＫＡＤＯＫＡＷＡ／角川ソフィア文庫　２００８年
4　渋沢史料館編　『常設展示図録　渋沢史料館』　２０００年
5　竜門社編　「青淵先生演説撰集」　竜門雑誌　第５９０号付録　竜門社　１９３７年
6　「東京日日新聞」　１８９８年5月6日付
7　日本女子大学校二十五回生編　「成瀬先生追悼録」　日本女子大学校桜楓会出版部　１９２８年
8　後藤和子、福原義春著　『市民活動論　持続可能で創造的な社会に向けて』有斐閣コンパクト　２００５年
9　加来耕三著　『日本創業者列伝　企業立国を築いた男たち』　学陽書房　２０００年
10　Ｃ・ボルザガ／Ｊ・ドゥフルニ著　内山哲朗／石塚秀雄／柳沢敏勝訳『社会的企業（ソーシャルエンタープライズ）
雇用・福祉のＥＵサードセクター』　日本経済評論社　２００４年
11　江橋　崇著　『企業の社会的責任経営　ＣＳＲとグローバルコンパクトの可能性』　法政大学出版局　２００９年
12　©ＤｅＡＧＯＳＴＩＮＩ　ＪＡＰＡＮ　『週刊日本の１００人　ＮＯ・53　渋沢栄一』　２００６年
13　澁澤倉庫株式会社社史編纂委員会編集　『澁澤倉庫百年史』　１９９９年
14　伊藤喜公邦著　『アメリカのＳ＆Ｌを学ぶ』　１９９９年
15　横浜市立大学学術研究会　横浜市立大学論叢　社会科学系列第56巻第3号　川内克忠教授退官記念号　２００５年
16　鈴木由紀子著　『企業の社会的責任に関する一考察』　三田商学研究第48巻第1号　慶應義塾出版会　２００５年
17　小松　章著　『渋沢栄一の実業思想「青淵百話」にみる』　一橋論叢第１０８巻第5号　日本評論社　１９９２年
18　合力知工著　『企業の社会的責任の再検討─企業の社会的責任の現代的解釈』
福岡大學商學論叢第42巻第4号　１９９８年
19　梁東錫著　徐聖治、多木誠一郎（共訳）　『企業の社会的責任』
http://www.ritsumei.ac.jp/acd/cg/law/lex/97-6/ryo.htm

かながわ信用金庫本部（横須賀市小川町）

著者紹介

平松廣司（ひらまつ・ひろし）

1949年9月横須賀市生まれ。横浜市立大学大学院修士課程修了（金融論）。1972年に三浦信用金庫（現かながわ信用金庫）に入庫。常勤理事、常務理事、専務理事を経て2008年に理事長に就任。2013年11月には横須賀商工会議所会頭に就任。現在は、神奈川県信用金庫協会会長、関東信用金庫協会会長、全国信用金庫協会副会長等の役職も担う。信用金庫経営の傍らライフワークとして渋沢栄一研究を続ける。2015年秋に黄綬褒章を受章。趣味は読書。

監修　井上　潤（渋沢史料館 館長）
協力　公益財団法人渋沢栄一記念財団
　　　株式会社　弘文社

渋沢栄一の思想
『論語と算盤』と信用金庫経営
経営の本質は経営者自らの中にある

2021年12月28日　第１刷発行

著　者　平松廣司
発行所　株式会社神奈川新聞社
〒231-8445 横浜市中区太田町2-23
電話045-227-0850（出版メディア部）
https://www.kanaloco.jp
印刷・製本　図書印刷株式会社

©Hiroshi Hiramatu 2021
Printed in Japan
ISBN978-4-87645-661-1　C0034

定価は表紙カバーに表示してあります
落丁・乱丁本は送料小社負担でお取替えいたします
本書のコピー、スキャン、デジタル化等の無断複製は
著作権法上での例外を除き禁じられています。